酒場図鑑

酒と肴をとことん楽しむために

文 小寺賢一　イラスト 桑山慧人

THE BRAND NEW
SAKABA-ZUKAN

技術評論社

はじめに

　客で賑わう酒場もそうでない酒場も、新たな客を歓迎してくれる。しかし客のほうは、はじめての店に入るには不安がともなう。酒場でひとり酒を楽しめるようになるまでには、誰もが試行錯誤を繰り返し、場数を踏んで、しだいに慣れていくのである。やがて場慣れした呑兵衛は鋭い勘を働かせて、いい店を嗅ぎ当てられるようになる。

　世の中には安くてうまい立ち飲み屋や、時代がかったシブい個人店も多い。ただし、そこには独特のルールとマナーが存在し、とまどうことも多いだろう。それを指南する本があれば、いい店への近道になるかもしれない。というわけで本書をつくることになった。

　たとえば店選びにはちょっとしたコツがある。安くてうまい店はどこにあるかを知っていれば、酒場めぐりはより愉しめるようになる。つまみは何を頼むべきか知っていれば酒の味も増す。店内の古風な造りの目の付けどころを知っていれば酒の合間のヒマツブシになる。

　何よりも酒場は酒を飲むとともに食を楽しむ場でもある。おいしい酒とつまみを手ごろな価格で出す酒場を何軒か知っていると、人生は少しばかり豊かになる。ひとりで入るもよし、仲間を誘ってみるもよし。いい酒場では人とのつながりもできる。

　本書は酒場めぐりのガイド本ではないが、筆者がいい店だと思う酒場をちょいちょい取り上げながら、酒場に慣れていない人が知っていると酒場で過ごす時間が楽しくなる点を解説かつ図解するものだ。

　いい店の探し方からひとり飲みを楽しくするヒント、下町ハイボールの"謎のエキス"の正体、酒場の"あの味"を自宅で再現するためのレシピなど、酒場の愉しみ方から酒食のあれこれを広く盛り込んだ。少しでも酒場を楽しむための助けになれば幸いであります。

　今晩一杯飲みに行く前に、本書を手に取ってみて欲しい。

目次

はじめに ... 003

第1章
酒場めぐり始めの一歩

1 いい酒場を見つけるコツとは ... 010
2 "いい酒場"はつながって見つかる ... 012
3 酒場の"常連"はココが違う ... 014
4 立ち飲み屋のよさ ... 016
5 ひとりで行ける酒場とは ... 018
6 酒場といってもいろいろある ... 020
7 居酒屋での正しい注文の仕方 ... 022
8 居酒屋での正しい飲み方 ... 024
9 昼飲みの愉しみ方 ... 026
10 センベロの正しい愉しみ方 ... 028
11 「角打ち」って何? ... 030
12 ひとり飲みを楽しく過ごすヒント ... 032
13 地方での酒場の見つけ方 ... 034
14 お勘定のスタイル ... 036

第 2 章

酒を飲む、呑む

1	下町ハイボールの伝説	040
2	脇役的存在の焼酎サワー類	042
3	「とりあえずビール」の謎	044
4	居酒屋ならではのレアなビール	046
5	ホッピーの4段活用	048
6	日本酒の種類 代表的な4つのタイプ	050
7	日本酒の味わい データに表せない繊細さ	052
8	日本酒の飲み方 その1 世界で唯一温度変化を楽しめる	054
9	日本酒の飲み方 その2 酒好きだからこその流儀	056
10	焼酎の種類・特徴 熱狂的なファンの支持が厚い	058
11	焼酎の飲み方 知る人ぞ知る"ロクヨンの法則"	060
12	特徴ある焼酎のフシギな世界	062
13	いろいろな酒を少しずつ飲める日本酒、焼酎	064
14	通好みの"梅割り"って何？	066
15	バイス、ホイスって何？	068
16	ボトルキープすることの安心感	070
17	酒の一合、二合は正確とは限らない？	072
18	つまみに合った酒を見つけるには	074

目次

第3章
酒場のつまみを喰らう

1 定番メニュー その1
  焼き鳥は呑兵衛の"自分へのごほうび" ……… 078

2 定番メニュー その2
  モツ焼き、焼きとんは呑兵衛の"パワー源" ……… 080

3 定番メニュー その3
  煮込みは呑兵衛の"ファストフード" ……… 082

4 イラストとクイズで学ぶ
  肉&ホルモン・部位カタログ 〜牛編〜 ……… 084

5 イラストとクイズで学ぶ
  肉&ホルモン・部位カタログ 〜豚&鶏編〜 ……… 086

6 ところで"お通し"って何？ ……… 088

7 スピードメニューは漬け物に注目！ ……… 090

8 幅広い人気の家庭料理とB級グルメ ……… 092

9 "本日のおすすめ"に注目すべきワケ ……… 094

10 魚介類のおいしい食べ方 ……… 096

11 干物はエスカレートするつまみ ……… 098

12 知っておきたい呼び方のルール ……… 100

13 鰻と泥鰌は"お任せ"で ……… 102

14 貝、エビ、イカ・タコ図鑑 ……… 104

15 東西おでん図鑑 ……… 106

16 意外性がある酒場の豆腐 ……… 108

17 串カツの軽めの流儀 ……… 110

18 一度知ったら忘れられない珍味の魅力 ……… 112

第 4 章
酒場のほろ酔い講座

1　伝統的な居酒屋の店構え ……………………………………… 116
2　居心地のいいカウンターとは ………………………………… 118
3　立ち飲み流・ビールケース活用術 …………………………… 120
4　酒場のマンウォッチング ……………………………………… 122
5　酒場の手書き文学 ……………………………………………… 124
6　酒飲み心をくすぐる赤ちょうちん、暖簾 …………………… 126
7　酒器のいろいろ ………………………………………………… 128
8　お燗の魔術 ……………………………………………………… 130
9　"杉玉"と新酒の知る人ぞ知る関係 …………………………… 132
10　酒場の神々 ……………………………………………………… 134
11　酒場と呑兵衛の歴史 その1
　　江戸の居酒屋を落語に学ぶ …………………………………… 136
12　酒場と呑兵衛の歴史 その2
　　戦後ヤミ市の名残りを訪ねよう ……………………………… 138
13　酒場と呑兵衛の歴史 その3
　　酒場文化の変遷を知る ………………………………………… 140
14　酒好きに見逃せない街①
　　新宿エリアをハシゴする ……………………………………… 142
15　酒好きに見逃せない街②
　　中央線沿線をハシゴする　中野・高円寺・阿佐ヶ谷 ……… 144
16　酒好きに見逃せない街③
　　中央線沿線をハシゴする　荻窪・西荻窪・吉祥寺 ………… 146
17　酒好きに見逃せない街④
　　北千住エリアをハシゴする …………………………………… 148

目次

第5章
自宅で居酒屋を愉しむ

1	おいしい焼酎ハイボールのつくり方	152
2	おいしい三冷ホッピー&シャリキンのつくり方	154
3	アサリの酒蒸し	156
4	ポテトサラダ	158
5	肉豆腐	160
6	モツ煮込み	162
7	出汁巻き玉子	164
8	海老しんじょう	166
9	"自宅酒場"の定番アイテム	168
10	自宅メニューは工夫しだい	170

COLUMN

～ 蕎麦屋で飲む ～
生湯葉といもわさびと熱燗 ……… 038

～ 定食屋で飲む ～
アジフライとマグロブツと猫の不在 ……… 076

～ 中華料理屋で飲む ～
もやし炒めとビールとボブ・ディラン ……… 114

～ 商店街で飲む ～
つくねとはんぺんと大根とカップ酒 ……… 150

あとがき ……… 172
取材協力 ……… 175

第 **1** 章

酒場めぐり
始めの一歩

いい酒場を見つけるコツとは

● 路地裏を歩いて観察してみよう

　街で安くてうまい酒場を見つけたいときに役立つコツを覚えておこう。まず、いい酒場は普通目抜き通りにはない。あっても高いので路地裏に向かおう。歩いている人や、店から出てくる人、入っていく人たちを観察してみると、どんな雰囲気の店があるのかわかるはず。

　暖簾や赤ちょうちん、植木などを見ても、どのくらい続いている店なのか見当がつく。古びて骨組みが覗いている赤ちょうちんの居酒屋なんていい。長くつぶれないでやっている店はきっといい店に違いない。電飾看板などにお金をかけているような店はどうか？　落ち着いて飲めるような店ではないかもしれない。そんな想像をしてみるわけだ。

　知らない人も多いが、縄のれんは安い居酒屋の代名詞。「うちは安いですよ」と言っているようなものなので狙いめ。外に漏れてくる客のざわめき、音楽、テレビ中継の音などにも店の特徴が表れる。

● 二度目はできるだけ早く行こう

　はじめての店で対応がよくなかった場合、酒でもつまみでも何かひとつよかったと思えば、もう一度行ってみること。一度行っただけで×はつけないようにしよう。その日の仕入れや客層などでたまたまよくない印象になることもあるからだ。そして二度目に行くときは、間を置かずに行くこと。できれば翌日がいい。小さな店で同じ席に座ったりすると、「お客さん、また来てくれたね」と対応が変わるはずだ。

　いい酒場の条件は、ほどよい距離感で接してくれることだ。適当に客をほったらかしにしながらも、酒がなくなったら近づいて来てお代わりをすすめてくれる。そんな店を見抜けるようになろう。

いい酒場のありそうな場所

路地裏
歩いている人の様子から、どんな客層の店が多いのかを想像しよう

POINT
縄のれん

高架下
赤ちょうちん、看板などの雰囲気が、どれだけ続いている店なのかを知る材料になる

飲み屋横丁
店の佇まい、客層、何を飲んでいるか、食べているかをチェック。縄のれんの店は狙いめ

POINT
赤ちょうちん

"いい酒場"はつながって見つかる

第1章 酒場めぐり始めの一歩

● いい酒場は競合しない店に聴け

ひとついい酒場を見つけたら、そこからイモヅル式に見つける秘策がある。それは商売が競合しないバーのマスターに聴く方法だ。洋酒を扱っているから「焼き鳥のうまい店ありますか?」という質問にも、気分を害したりはしない。そのバーの客から情報を得られたりするかもしれない。そうやって情報を集めることで、そのエリアのいい店を網羅することも可能になる。いい店はつながっているというわけだ。

大切なのは、教わった店に行ったら、教えてくれた人に「おいしかったですよ」などと報告すること。すると、また別のいい酒場を教えてくれたりするのだ。この方法を実行するためにも、まず一軒目のいい酒場をいかに見つけるかが勝負になる。これを覚えておこう。

● 使い分けできる店を見つけよう

居酒屋は独身者にとって食事の場にもなるように、酒プラスαの魅力がある。だから人が集まるに違いない。職場と自宅の中間にある居酒屋にひとり立ち寄り、酒を飲みつつその日の仕事のことや、明日のことを考えたりしても退屈しない。酒と場が癒してくれるからだ。

こうした居酒屋の使い方をするためにも、使い分けができる2〜3店をもつことが中級者への道だ。たとえば自分が常連の店では、仲間とにぎやかに過ごす。そして顔を覚えられるくらいの"準常連"の店では、ひとりで静かに飲むというふうに使い分けが利くようになる。

いい店だと思ったら、誰にでも教えないこと。きちんとした酒飲みには教えても、悪酔いして困らせるヤツには教えないのがポイント。

いい店の情報を集めよう

いい店はイモヅル式に見つかる。この情報収集法によって、そのエリアのいい店を網羅することも可能だ

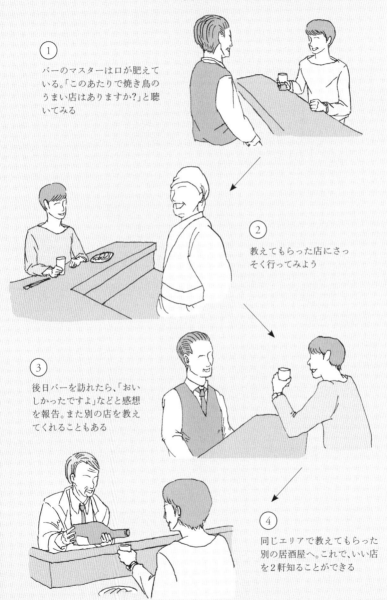

① バーのマスターは口が肥えている。「このあたりで焼き鳥のうまい店はありますか?」と聴いてみる

② 教えてもらった店にさっそく行ってみよう

③ 後日バーを訪れたら、「おいしかったですよ」などと感想を報告。また別の店を教えてくれることもある

④ 同じエリアで教えてもらった別の居酒屋へ。これで、いい店を2軒知ることができる

第1章　酒場めぐり始めの一歩

酒場の"常連"はココが違う

● 常連とよく来る客は似ているようで違う

　まず気をつけたいのは、よく来る客＝常連ではないということ。たまに自分は常連だからと威張ったりする客もいるが、そんな輩がいるために店の雰囲気が悪くなり、質が落ちたりすることもある。

　酒場の客というものは、同じように年をとっていく。常連がいつまでも来るわけではない。年間1〜3割は減っていくものだということを、いい店は知っている。だから、はじめての客でも大切にしてくれるのだ。なかには常連が一見客を排除するような店もあって、それを"常連にツブされる店"という。こんな店には入らないことだ。

● 常連になるとこうなる

　常連とは、よく店を利用するだけでなく、周りに配慮しながら楽しく飲める客のことを言う。注文の仕方でも、厨房が忙しいときは少し待ったり、気を遣ってくれると店もよくしてくれる。

　「新メニューできたから味見してみてよ」などと声がかかるのも常連ならでは。自分の気に入った店が見つかって通ううちに常連になれば、より気分よく飲めるようになる。

　たとえばカツオ刺身を頼んだら、「今日はね、カツオよりイワシが脂ノッておいしいよ」などと教えてくれたりする。また、「モツ焼きは月曜に来ると、朝絞めだから鮮度いいよ」と、おいしいものの食べどきを教えてくれることもある。客の好みをわかってくれるようになるのが、常連としてはウレシイところだ。

　常連になるために大切なのは、店に気に入られること。だから、あくまでも謙虚な態度を忘れないようにして楽しみたい。

普通の客	常連客

忙しそうな店員よりほかの店員へ。もしくは手が空くのを待てばいい	忙しい時間でも、いつかは店員の手は空くので様子を見守ろう

メニュー表と黒板で何を頼むかを思案。時間だけが過ぎる……	頼んでいないのに、たまにおすすめ料理を出してくれたりも

混んでいる店ではお互いに席の譲り合いをしたいところ	ある程度楽しんだら、次の客のために席を譲ってあげる気配りを

立ち飲み屋のよさ

● 酒場としてはもっとも身近で気軽な存在

何と言っても気兼ねしないのが立ち飲み屋のいいところ。人件費や家賃を抑えたぶんを仕入れにかけ、安い値段でうまい酒とつまみを提供してくれる。そんな店を見つけるのも呑兵衛の楽しみだ。

たとえば、仲間との飲み会の約束の30分前に着いてしまった。そんなときは立ち飲み屋をめざそう。生ビール400円に、煮込みやポテサラなどの定番メニューが150円くらいからある。お勘定はキャッシュオンデリバリーなので、たとえば1,000円と予算を決めて注文するのがキホンだ。普通の居酒屋ではやりにくいが、立ち飲み屋ならキュッと飲んで15分で帰っても全然おかしくない。

最近の立ち飲み屋はキレイになっていて、かつては女性に使いづらかったトイレを改善したりして、女性客にも人気が出ている。

● 立ち飲み屋ならではのマナーとルール

出入りしやすい酒場だけに賑わいはあるが、あくまで酒好きおじさんたちの天国だ。そして店側との距離が近く、不思議なもので同じ店内にいる客同士が連帯感のようなものを感じたりもする。

店内が混んできたら次の客のためにさりげなく場所を空ける。そんなちょっとした心配りも守られている。カウンターに並んだ客が肩をズラして場所を空けることをコーラスグループのダークダックスからの連想で、「ダークする」と呼ぶ古い言葉も残っているほど。

立ち飲みの客は大酒飲みばかりという印象があるかもしれないが、アルコール度数の高い焼酎は3杯までという制限を設けている店も少なくない。客は立っているからこそ飲みすぎは禁物なのだ。

何人でも楽しめる立ち飲みスタイル

ひとり客が中心のメインカウンター。混んできたら客同士が肩をズラして場所を空けよう

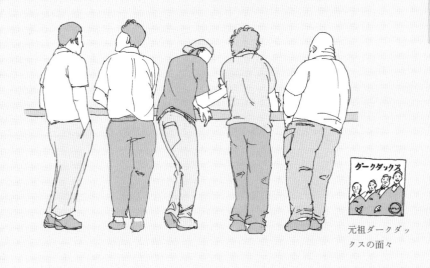

元祖ダークダックスの面々

2人で飲む

立ち飲み屋の壁には小カウンターが設置してあることも。2人客にちょうどよい大きさ

3人で飲む

店頭に置かれたドラム缶テーブルは3人以上で飲んでもラクラク

第1章 酒場めぐり始めの一歩

ひとりで行ける酒場とは

● ひとり客を歓迎してくれる店の見分け方

喫茶店や定食屋にひとりで入るのは普通のこと。なのに酒場になると敷居を高く感じてしまう。それはなぜか？ 店内がわかりづらい？ 馴染めるか不安？ 常連ばかりで緊張しそう？……そんなひとりで入りにくい店があるのも確かだが、普通に歓迎してくれる店もある。

簡単な見分け方としては、第一に間口の狭い店。広めの店ほど2人連れ以上の客を期待しているものなので、小ぢんまりしているほうがひとり客には居心地よい。第二に店内をのぞいてひとり客はいるか、団体客で賑わっていないかどうかを観察。カウンター中心、店主や女将と店員1、2人くらいがいて、ふらっと入れそうな雰囲気があれば理想的だ。第三に看板、店頭メニューが派手でないこと。地元密着で家族経営のような商売っ気のなさが狙いめだ。

● 入店して気をつけること

ひとり酒のいいところは、マイペースで酒が飲める。好きなものだけを注文できるし、誰かに合わせる必要がない。それに早めに切り上げることもできるといった点だ。これらをクリアする店かどうかは、入ってみてわかることも多いので、多くの店を経験するしかない。

注文のとき以外はほうっておいてくれるのが心地よい。それでいて、ちょっとした声をかけてくれるのも嬉しかったりする。

そこで、ひとり飲みできる馴染みの店と、もうひとつは大勢の客のなかで孤独に飲める大箱の店と、2つのタイプの店をもつといい。その日の気分で、ほどほどに会話を楽しみたいとき、物思いに浸りたいときというふうに、ひとり酒の幅を広げることができる。

ひとり客を歓迎してくれる店

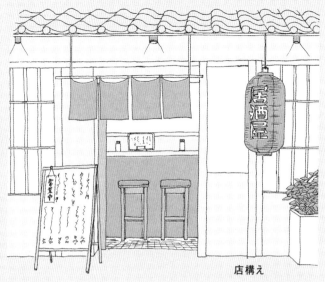

店構え

間口が狭く、小ぢんまりしている店。店内の様子はどうかちょっと覗いてみよう

接客

注文のとき以外は、ある程度ほうっておいてくれるほうが心地よい

酒場といってもいろいろある

● 酒場は大きく分けると4タイプある

繁華街の店の看板や暖簾、入口付近を観察しながら歩いていると、居酒屋、おでん屋、大衆割烹など、呼び方がいろいろある。本書でいう酒場は以下のように大別できるが、実際は明確に分かれているわけではない。いざ入ってみると大差ないことが多いのを知るのも経験だ。

・居酒屋（大衆居酒屋、大衆酒場）

目印は赤ちょうちん、暖簾。「大衆」とつく場合は、つかない店よりも気軽さがある。また「居酒屋」と称していなくても居酒屋でしかない店もある。たくさんの客からの注文を効率的にさばけるように"コの字型"カウンターが特徴。つまみは基本的に何でもあるが、煮込み料理や刺身、揚げ物など、その店の名物を楽しみにする客も多い。

・モツ焼き屋、おでん屋、焼き鳥屋

メインのつまみを堂々と店頭に掲げているような専門店。要は居酒屋だが、特化した食べ物を提供する。普通の居酒屋では出さない希少部位などに強い。熱狂的なファンをもつ店や、近年は観光客も増え、入店するのが困難だったりもするので注意。

・大衆割烹、小料理屋

気取りのない居酒屋と比べると、内装に竹や石を使うなど、やや凝っている傾向があり、夫婦連れなど落ち着いた客筋に好まれる。ただし、店に入ってみると居酒屋と違わないということも珍しくない。

・立ち飲み屋

その名の通り、立って飲むスタイルの居酒屋。じっくり飲むというより、ちょっとした空き時間ができたときの利用に最適。なお、酒販店の一角で立ち飲みする「角打ち」とは異なるので注意。

酒場に来る人にもいろいろある

居酒屋

仕事帰りのサラリーマンで溢れる店や、近所のお年寄りで溢れる店もある

モツ焼き屋

新鮮なモツの希少部位を求めて、わざわざ遠征しに来る若くて元気な層が増加

立ち飲み屋

肉体系、営業マン系などがセンベロを楽しむ。店によっては女子会風も多い

大衆割烹

小金持ちのインテリ風カップル。女性が食欲旺盛で金目鯛の煮付けなどを食べている

おでん屋

若めのカップル。「酒より食事」という感じのする善良な小市民的イメージ

居酒屋での正しい注文の仕方

● つまみを注文するときのキホン

　席についたらまず飲み物を何にするか？「とりあえずビール」でもいい、とにかく素早く注文すること。つまみは飲み物が届くまでの間に考えるとしよう。グビグビッとビールで喉の渇きを潤したら、お通しの到着。定番と自慢料理は何かを確認しながら、煮込みやポテトサラダなど、ハズレがなく、すぐに出てくるものをいただこう。迷ったら冷奴、お新香という手もあるが、店の名物を何か1品でも頼むべし。黒板メニューの「今日のおすすめ」に注目するのが早い。

　そこで、すかさず「黒板にないおすすめはありますか？」と聴く手もある。量が少なくて黒板に書けないメニューがあったりするからだ。「中トロなら少ないけどあるよ。半額にしとくよ」などということも。

● 注文時に注意すること

　焼き鳥や揚げ物など、手間のかかるものは先に注文しておくこと。すぐに出るものと一緒に注文しておけば、後になってつまみが何もないという事態を避けられる。また名物はあっちこっちから注文の声が飛ぶのでわかる。すぐになくなってしまうこともあるので気を配ろう。

　なお、つまみは少しずつ注文すること。店によって分量に差があったりするからだ。そして注文する際は、はっきり決めてから伝えよう。そばに店員を待たせて悩むくらいなら、おすすめを聴けばいい。

　キホンが通じないのが店独自のルールがある場合。「注文は紙に書いて渡す」「串焼は○本単位」「酒の追加オーダーをしないとお勘定」などといった決め事があったりする。不合理と感じるかもしれないが、居酒屋とはそういうものだと、面白がれるゆとりも欲しい。

酒場の注文タイムスケジュール

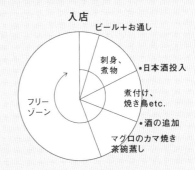

① **入店～2分**

とりあえず飲み物と、すぐに出るものを頼もう

② **3分後**

お通し到着後、間もなくお新香などが到着する

③ **5～6分後**

切って盛り付けるだけの刺身、煮物などが来る

④ **7～8分後**

魚の煮付けが到着。ビールは飲みきり、酒の追加を

⑤ **10分後～**

焼き鳥、干物などの焼き物は、もう少しかかることも

⑥ **20分後～**

干物をきれいに食べ終わるころ、マグロのカマ焼き、茶碗蒸し到着。あらかじめ酒の追加を忘れずに

第1章 酒場めぐり始めの一歩

居酒屋での正しい飲み方

● 酒を楽しむにはマナーが大事

「2杯目の酒をどうするか？」最初の酒とつまみをやりながら、それを考えるときこそ呑兵衛の愉しみである。お通しをつつきながら、メニューを読んでじっくり考えるもよし。お隣さんが飲んでいるものは何か聴いたり、うまそうだったら便乗注文してもいい。

ただし声を掛けるときは、お邪魔にならない程度にしておくこと。とくにはじめての店では店主、常連客に嫌われないように気をつけたい。ウンチクをひけらかしたり、やたらと話しかけないのがマナーというもの。会話を楽しむなら当たり障りのない内容に留めておこう。

酒の追加は手元の酒がなくなったら、頃合いを計って注文する。酒にこだわる店なら、つまみに合う酒は何がいいか聴いてみてもいい。

● 酒の飲み方で注意すべきこと

飲み方で注意したいのは、自分に合ったペースを守ること。お隣さんが「ま、一杯どうぞ」などと酒をすすめてくれるかもしれないが、ほどほどに。客同士の酒のやりとりを嫌う店もある。また、いくら楽しいからといって空のグラスを置いたまま話に夢中にならないこと（店が片付けられないので迷惑がられる）。たまに、酒を飲まずに馬鹿話に興じている輩も見かけるが、仲間に入ったりマネしないことだ。

居酒屋上級者ともなると、店内の様子にも目を配れるようになる。混んでいる店では長居しない。次の客のために席を詰めるなど、大人の嗜みが店側にとってもありがたい。ほどよい酔い加減で気持ちよく帰れば、次回も行きやすい。馴染みの店をつくるには、まずこのような流れを踏まえておくことだ。

飲み方の〇と×

◎ とりあえず飲み物と、すぐに出るものを頼もう。おすすめは何か聴いてみてもいい

× 自慢話をしたり、お隣さんに無闇に話しかけるのはマナー違反。その場の空気を読もう

◎ お隣さんから酒をおごられてもほどほどに。店によっては禁止していることも

× 酒場は酒を飲むところ。飲まないならファミレスにでも行けばよい

昼飲みの愉しみ方

● 熱気あふれる昼飲みエリアへ

近年、昼間から酒を飲む人が増えてきた。そう、酒場が賑わうのは夜だけではない。たとえば浅草や上野などは昼酒の聖地とも言え、平日の明るいうちから堂々と飲める。そこで、実際に行ってみた。

浅草は仲見世界隈の喧騒を少し離れるとホッピー通りがある。ここは煮込みを売りにする店が多い。道路にはみ出したテーブル席には家族客、カップル客もいて、のどかな雰囲気も漂う。ホッピー通りを代表する店〈正ちゃん〉の牛煮込みは押さえておこう。

上野はJRの高架下が有名だ。初訪問なら、この熱気に驚かされるだろう。馬モツの煮込みの〈大統領〉、立ち飲みの〈たきおか〉など、昼間から営業する店が密集するエリアだが、どの店もほぼ満員に近い。老若男女が楽しそうに酒を酌み交わす、まさに昼飲み天国だ。

● 休日は普段行動しないエリアで昼飲み

昼飲みをしている客層を見ると、自営業者風、お年寄り、カップル客……営業マン風もいることはいるが、平日はサラリーマンの場合、会社規定の勤務時間内に飲むことになるので、あまりおすすめできない（どうしてもというときはトラブルにならないよう慎重に）。

昼下がりに飲む快感は、休日などに一度は味わってみるべし。普段は行動しないエリアまでわざわざ出掛けてみるのも一興だろう。

開放的な気分で昼飲みをしたいなら、ひとり飲みよりも2人がいい。サワー系の軽い酒で、なるべくスローペースで飲む。夜のメニューは仕込み中だったりもするので、暗くなるまでちびちびやって、その後は本格的に飲むというのもいい。

昼飲みのいろいろ

浅草・ホッピー通り

別名・煮込み横丁と呼ばれるとおり、ホッピーと煮込みを目当てに日夜酒好きが集まる。生ホッピーを置く店もある

〈正ちゃん〉牛煮込み

甘めの煮込みと滑らかな絹豆腐を交互に食べるとうまい。ビールやホッピーによく合う

上野・JR高架下

JR上野駅から徒歩3分。アメ横からちょっと入ると、祭りかと見まがうばかりの昼飲み族が出現。ビックリ！

新宿・思い出横丁

JR新宿駅西口そばの飲み屋横丁には、呑兵衛・初級者向けの店からマニア向けの店までいろいろある

センベロの正しい愉しみ方

第1章　酒場めぐり始めの一歩

● 千円札1、2枚で酔える店

「安くてうまい」居酒屋が増えるなか、とくに賑わいを見せているのが「センベロ系居酒屋」。「センベロ」とは「1,000円でベロベロに酔える」という意味（実際には1,500円くらいになることも）で、とにかく格安な価格設定が売りの店。ちなみに名づけ親は、小説家の故・中島らもで、飲み歩きのエッセイ集で使ったのがはじまり。

センベロは何よりも安さが魅力だ。200円以下のメニューが豊富なので、酒3杯につまみ3品くらいを頼んで1,000円もあればすんでしまう。居酒屋らしくコの字型カウンターの造りや立ち飲みスタイルが多く、メニューは食材を厳選し、丁寧につくる料理や、地方のB級グルメなども取り入れている店が人気だ。

● センベロの正しい使い方

センベロは、とにかく1,000円あればよい気分になれるし、お得感が嬉しい。はじめてでも手軽に使えて、カッコをつける必要もない。そのぶん落ち着いた雰囲気はないので、飲む＆つまむに集中するのだと割り切って行くべし。大箱の店なら飲み会の二次会などに大勢で行って予約なしで入れてしまったりするのも、センベロ的な店のメリットだ。サラリーマンなら1、2店知っておくと重宝するかも。

また、街の「○○食堂」をセンベロ的に使ってもいい。定食のおかずはつまみにぴったりだし、瓶ビールや酎ハイくらいは必ずあるので酒場として利用しない手はない。酒場のようにお通しはない（あっても無料のことが多い）ので、そのぶん安く上げることができる。昭和レトロな趣のある定食屋も多く残っているので行ってみよう。

センベロモデルコース（価格帯別）

～1,000円
晩杯屋（高円寺）

  + = ¥960

生ビール ¥410　ハイボール ¥290　煮込み ¥130　ポテトサラダ ¥130

1,000～1,200円
いこい（赤羽）

  +   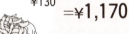 = ¥1,170

生ビール ¥360　ハイボール ¥190　レモンサワー ¥230　アジフライ ¥150　まぐろ ¥130　マカロニサラダ ¥110

1,200円～
おおの屋（西新宿）

  +   = ¥1,470

レモンサワー ¥250　ハイボール ¥250　焼酎ロック ¥250　カシラ、ハラミ、タン ¥270　チーズはんぺん ¥150　カキフライ ¥200　冷奴 ¥100

※2016年8月現在の価格に基づいて作成

「角打ち」って何？

● 呑兵衛にはオアシスのような存在

「角打ち」とは、酒屋（酒販店）の店頭で売り物の酒を立ち飲みスタイルで提供する、もっともシンプルな店（または飲み方）をいう。もともとは酒屋が量り売り用の酒を、客に枡を貸して飲ませていたもので、北九州がはじまりという説もあるが、はっきりしない。

普通の酒屋の売り場内に、短いカウンターとビールケースでつくったテーブルがいくつかある程度で、夕方になると仕事帰りの中高年サラリーマンがカップ酒を片手にたむろしている。ちょっと一杯引っかける程度に飲む店なので大勢で騒ぐような客はいないが、若い女性におすすめできるような雰囲気ではない。店側も副業のような感じでやっていることも多いが、そこが角打ちならではの気安さとも言える。

● 居酒屋のようなサービスは期待できない

つまみは缶詰、乾き物、ナッツ類など、やはり酒屋の売り物。よっちゃんイカなど、懐かしい駄菓子を置く店も。なかには、ポテトサラダ、焼き魚など、つくりおきしたものを出す居酒屋に近い店もあるが、客がガラスケースから運んだりするセルフサービス形式が多い。

酒は缶ビールか酎ハイが200円以下、つまみは100円以下からと、"酒場"のなかではもっとも安いレベル。支払いはキャッシュオンデリバリーが多く、給料日前などに重宝される。

ところで本来、酒屋は酒を売ることはあっても飲ませることはできない。本格的な角打ちでは缶詰やナッツの袋を開けることしかできないのだ。そのため、居酒屋のようなサービスを期待することはできないので、そのつもりで暖簾をくぐろう。

角打ち

内装
酒屋の売り場の一角に飲める場をつくっただけなので酒場に見えないことも

缶詰、乾き物、ナッツ類
缶詰を開けたり、乾き物の袋を開けただけというのがつまみのキホン

セルフサービス形式
なかには調理済みの料理を冷蔵庫から客が取れるようになっている店も

ひとり飲みを楽しく過ごすヒント

● 文庫本、スポーツ新聞をお供に

"ひとり飲みのお供"といっても、ここでいうのは、酒やつまみのことではない。ひたすら酒肴の世界に没頭するのもいいが、本や雑誌を読みながら飲みたいときもある。駅前の大衆酒場ならスポーツ新聞を脇に置いて飲んでいる年季の入った呑兵衛の姿も珍しくない。読みかけの文庫本をポケットにつっこんで酒場に出かけてみよう。

喫茶店なら難しそうな本もいいかもしれないが、酒場には軽めの文庫本がお似合いだ。黙々と活字を追っていれば、隣客が話しかけてくるわずらわしさもないし、退屈することもない。

ただし、あまり集中しすぎるのも考え物。せっかく飲みに来ているのだから、ときどき酒や料理、店の雰囲気にも目を向けよう。

● 酒場ならではのお供

短くて軽いエッセイ集なら肩も凝らないし、適当なところでページを閉じても大丈夫だ。たとえば、おやじの呑兵衛の必読書としては、やはり酒好きの作家の書いた『御馳走帖』（内田百閒）、『酒肴酒』（吉田健一）、『散歩のとき何か食べたくなって』（池波正太郎）、『酒呑みの自己弁護』（山口瞳）など、何度も読み返せるものがいい。

またスポーツ新聞も同様に難しいことを考えずにすむし、競馬の予想をしたりするのも一興。漫画、コミック雑誌も、おじさん客が読んでいる姿を目にすることは珍しくない。店にそなえつけのテレビのニュース番組や野球、相撲中継に釘づけになっている客も。テレビを見に来るひとり飲みの客もけっこう多い。知らない者同士が酒を片手に見るテレビは、どこかひと味違うのである。

ポケットに1冊の本、酒場文庫

『散歩のとき何か食べたくなって』
池波正太郎・新潮文庫

注目のフレーズ

(前略)ゆっくりと歩みながら買い物をしたり、安くてうまい食べものやへ入ったりして、時間が過ぎて行くのをたのしむのである。(昭和52年12月)

『酒肴酒』
吉田健一・光文社文庫

注目のフレーズ

本当は、飲み屋も壁が落ちかかっている位なのがいいのである。つまり、家にいて飲むのでは税金の催促その他、気になることが多過ぎるし、あと片付けが大変だから街に出て飲むだけの話で(後略)(昭和49年7月)

『酒呑みの自己弁護』
山口瞳・ちくま文庫

注目のフレーズ

(前略)家の近くに、しっかりした居酒屋があってそこで気楽に飲めるということは、何ものにもかえがたい嬉しいことである。(昭和48年3月)

『御馳走帖』
内田百閒・中公文庫

注目のフレーズ

どこそこに、うまい酒を飲ませる店があるから、行きませんかなどと誘はれても、あんまり気が進まない。私の様な長い酒飲みには、うまい酒と云ふ事が既に有り難くないのである。(昭和21年9月)

第1章 酒場めぐり始めの一歩

地方での酒場の見つけ方

● 旅先で飲食するとしたらどんな店?

　はじめて訪れた地や、出張で訪れた地方都市での食事をファストフードやチェーン店で済ませてしまうのは、もったいない。せっかく来たのだから、やはりその土地ならではの名産品を味わってみたい。そこで行くべきは、やっぱり居酒屋である。

　その土地に根付いた店、観光ズレしていない地元の人も行くような店。何よりも、地元の酒、食材に精通している店主の店がいい。郷土自慢のものを出してくれるに違いない。開店前の店頭に食材が並んでいたりするのでチェックしておこう。ビール党には大瓶ケースが並んでいると狙い目だ。暖簾には名産品の名前が染め付けられていることも多いのでチェックすること。

● 旅先でいい酒場を見つけるコツ

　交通網の発達により地方出張しても日帰りしなければいけない、というのが、中年サラリーマンの酒飲みにとって悩みのタネ。だから、いい店は早々に見つけなければいけない。そこで活用すべきはタクシーだ。うまいラーメン屋はタクシー運転手に聴くというのが古くからの定石だが、酒場の情報も聴き出すことができる。

　ただし、「うまい居酒屋ありますか?」と聴いても、普段運転しているから酒場の味については知らないことが多い。だから聴くときは「いつも混んでいる店はどこですか?」「人気のある店はどこですか?」がキホン。酒場への客の送り迎えをすることも多く、自然と人気のある店に詳しくなるもの。酒場がずらりと並ぶ路地裏の店でも、1軒だけポツンと離れた店でも教えてくれることがある。

ここに注目!	「有名地酒の名前がズラリ！ むむむ。これは日本酒がうまいに違いない」

食材

開店前の店頭に発砲スチロール製のトロ箱が山積み。市場から新鮮な魚介類が届いたようだ

ビールケース

瓶ビール、しかも大瓶がよく出る店と見た。お気に入りの銘柄もチェック

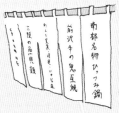

のれん

店頭にメニューがない店でも、暖簾に自慢料理を謳っていることも

お勘定のスタイル

● 客と店の双方にメリット

まず立ち飲み屋のお勘定スタイルで多いキャッシュオンデリバリー（代金引換払い）について知っておきたい。小皿やカゴに手持ちのお金を置いておくと、店員はそこから注文したものの料金だけ取って、お釣りを戻してくれる。客にとっては注文の都度支払うので、財布の中身を気にしないで楽しめる。また店側にとっては会計の手間が少なくてすむというメリットがある。こういう店に行くときは千円札と小銭を用意していくのがキホン。

また、均一料金のセンベロ系居酒屋に多いのがチケット制。たとえば1,000円で1,100円分の飲食ができるチケットを売っている店がある。注文ごとに料金分のチケットを切り取って渡すだけなので、出入り自由になるし100円得するのがメリット。

● なるほど納得のお勘定スタイルも

コの字型カウンターの店でよく見られるのが、100円刻みで色の違う札を用意し、注文ごとに客の前に溜めておくスタイル。たとえば、100円は黄色、200円は赤色なら、300円のつまみを注文すると黄色と赤色の2枚がその客の前に置かれ、お勘定時に計算するというもの。

また、料金別に皿の形を変えていたり、伝票に50円刻みのチェック欄が印刷され注文ごとにチェックしていくと、お勘定時には合計額が出ているというものもあり、店の個性が表れる。

食べ終わった皿を片付けてくれないサービスの悪い店と思うような場合もあるが、途中で伝票をつけずに最後に注文品を計算するため、カウンターにビール瓶が何本も林立している光景も酒場らしい。

居酒屋ならではの会計システム

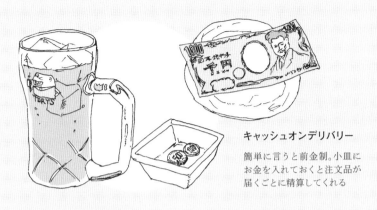

キャッシュオンデリバリー

簡単に言うと前金制。小皿にお金を入れておくと注文品が届くごとに精算してくれる

チケット制

一定額のチケットを買って注文するごとにチケットで精算。100円お得になるサービスも

アイデア伝票

注文品の代金を消していき、会計時には消えた数字を合計する（京都・スタンド）

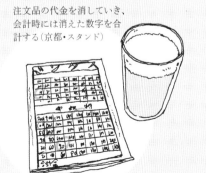

プラスチック札

料金別に色分けしたプラスチック札が用意され、注文した客の前にまとめておく

~蕎麦屋で飲む~
生湯葉といもわさびと熱燗

　蕎麦屋で酒を飲むなら昼下がりにかぎる。時間は3時から4時ごろか。店の外のあかりが、店内にとどく時間帯だ。神田淡路町「まつや」の店内は昼間でもかなり暗い。この暗さが蕎麦と酒の味にとって欠かせないのだ。この店はたいてい賑わっているが、行列ができるほどではない。中央あたりのテーブルに座ろう。なぜかといえば、蕎麦打ちしているところ、入口辺りの明かり取りの意匠が見えるからだ。まずはつまみを注文する。生湯葉といもわさび（ともに650円）にした。いもわさびとは、つまり山芋を擂りおろして山葵醤油でいただくもの。で、とりあえずビールだ。ここではサッポロ赤星（大瓶700円）が出る。グビグビっと喉を潤す。老舗の蕎麦屋はよい。周りを見ると平均年齢は70歳以上だ。普通の街の老舗居酒屋でもありえない客層は店の雰囲気に合っている。

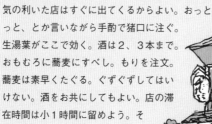

　蕎麦屋でのビールは1本までだろう。次は当然、熱燗（700円）にする。気の利いた店はすぐに出てくるからよい。おっとっと、とか言いながら手酌で猪口に注ぐ。生湯葉がここで効く。酒は2、3本まで。おもむろに蕎麦にすべし。もりを注文。蕎麦は素早くたぐる。ぐずぐずしてはいけない。酒をお共にしてもよい。店の滞在時間は小1時間に留めよう。それ以上になると野暮だから。店を出ると夕陽がまぶしいくらいの時間が望ましい。

第 **2** 章

酒を
飲む、呑む

下町ハイボールの伝説

● 下町ハイボールは"三冷"が王道

　大衆酒場の看板メニューといえば焼酎ハイボール。一般に酎ハイ、チューハイなどとも略されるが、発祥の地とされる東京の下町では「下町ハイボール」「元祖ハイボール」と呼ばれ、どこか誇らしげだ。また単に「ボール」と言われることもあるのでヤヤコシイ。

　普通の酒場で焼酎ハイボールを頼むとグラスやジョッキに入っていたり、氷が入っていたりなかったり店によって差がある。ホッピーと同じように"三冷"（冷やしたグラス、焼酎、炭酸水でつくる）で出すのが王道だが、そうでないことのほうが多いのだ。それゆえキホンに忠実な店では、わざわざメニューに三冷をうたっている。それだけでなく"謎の液体"が加わり、琥珀色を帯びる……それこそ下町ハイボールの本来の姿なのである。

● 冷たいうちに早く飲みきるべし

　つくり方は焼酎を炭酸水で割るところまでは普通だが、最後に専用の容器から例の液体が垂らされる（この液体の正体を知っていると酒場好き）。そこがアヤシイ。液体と焼酎、炭酸水の割合は 1：2：3 が黄金比らしいが本当に守っているかどうか？　焼酎と液体の混合液をつくり置きすることで味がまろやかになるのだという。このような素人にはワケのわからなさが"伝説"たる所以だ。

　キホンがあるといっても炭酸水や液体にも多くの製品があり、店ごとに味の違いがある。強炭酸が切れ味のよい店、焼酎が濃い店などなど。運よくレアな三冷の下町ハイボールに出会っても、グズグズしていると生ぬるくなるのが弱点だ。冷たいうちに飲むべし。

下町ハイボール三種の神器

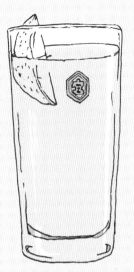

下町ハイボール

本来「ハイボール」はウイスキーの炭酸割り。それを焼酎で代用したのが焼酎ハイボールのはじまり。ウイスキーハイボールと間違えないように

キンミヤ焼酎

宮崎本店(三重県)の亀甲宮焼酎、通称「キンミヤ焼酎」。焼酎ハイボールのベースはもちろんストレートでもよし

謎の液体

"エキス""シロップ"とも呼ばれる焼酎ハイボールに欠かせない液体。天羽飲料の「天羽の梅」のほか数社で製造販売している

炭酸水

強い炭酸のものが好まれる。居酒屋でよく見られる野中食品工業「花月」「キクスイ」などがある。前者はネット通販で購入できる

脇役的存在の焼酎サワー類

◉ 誰にでも愛される庶民の味

　酒場は酒と一緒にうまいものをつまむのが楽しい場でもある。だから、どんなつまみにも相性がいい酒、そしてあまり酒に強くない人向けの酒もある。その代表的なものがサワー類だ。焼酎ハイボールが看板役者だとしたら、個性豊かな脇役陣である。彼らの働きが酒場を活気づける。実際、酒場でサワー類を飲んでいる人は8割くらいになると思われる。レモンサワー、グレープフルーツサワー、ウーロンハイなどが250円前後からと手ごろな価格で、ジョッキいっぱいで出てきたりするのが魅力だ。甲類焼酎を割り材と炭酸水で割るだけなのですぐできることもあり、一杯めのビールと同じくらい注文する人が多い。煮込みなどにも合うし、一杯でけっこうな時間楽しめる。変わったものとしては緑茶、青汁、カルピス割りなど、店ごとにオリジナルサワーがあったりするが、必ずしもおいしいとは限らないのが大衆酒場のご愛嬌。少なくとも話の種にはなろうものと心得るべし。

◉ ○○サワーも○○ハイも同じ

　ところで、レモンサワーという店もあればレモンハイという店もあるが、ほぼ同じもの。店で用いる割り材がテレビＣＭ「割るならハイサワー」の博水社なら○○サワー、「○○ハイ」はハイボールの略語というだけの違いだ。たまにバイス、ホイスサワー（68ページ）といった変わり種もあるので試しに飲んでみてもいい。
　果物の酸味と甘みで飲みやすく、アルコール度数も低いのでグビグビやるのに最適。日本酒や焼酎だと強すぎる。また何を選べばいいかわからないという人にもおすすめだ。

サワー割り材のいろいろ

レモン

青リンゴ

巨峰

梅

グレープフルーツ

ライム

マンゴー

ゆず

ウーロン茶

シークワーサー

カルピス

緑茶

レモン、グレープフルーツという2大勢力の牙城は永年揺るがないが、近年は緑茶、シークワーサーが伸びてきているという説もある

「とりあえずビール」の謎

● 「とりあえずビール」は決まりではない

　最初の一杯にビールを注文する人は多い。まずは軽いアルコールで喉を潤して一息つくのは、たしかに居酒屋での愉悦のひと時だ。あれだこれだと選ぶ手間も省けるし、次に何を頼むか思案する時間稼ぎにもなる。もちろん、最初にビールを頼まなければいけないわけではないが、とくに暑い夏の夕方、冷え冷えの生ジョッキを傾けるのは何物にも替え難い。ほかの酒よりアルコール分は少ないので、グビグビやるのにいい。帰宅途中などにサクッと飲みするのにも向いている。しかし、何の疑問も抱かずに生ビールを飲んでいるとしたら居酒屋ファン失格だ。瓶ビールと生ビールはどこが違うのだろうか？

● 「瓶」も「生」も中身は同じ

　ビールの瓶と生、じつは中身は同じものだ。生ビールの「生」とは、加熱処理をしていないという意味で、日本のビールはほとんどが生だ。加熱処理をする理由は、ビールを発酵させる酵母の働きを止めるためで、そのままにしておくと味が落ちてしまうからだ。現在では、ろ過技術の向上により発酵を止めることができるようになった。つまり、瓶に入っているか樽（サーバー）に入っているかの違いに過ぎない。しかし、ここで注意すべき点がある。

　うまいビールは炭酸ガスで適正な圧力をかける必要があるが、生ビールの樽は栓を開けた時点からガスが抜けていき、洗浄管理などがしっかりできていないと味が落ちてしまう。はじめての店で生を飲むなら、まずは注文が切れずに出ているかを確認。それよりも、すぐに飲みきることのできる瓶ビールを選ぶというのが居酒屋ファンの常識だ。

瓶と生のコスパ比較

POINT
ポイント
7:3の泡

瓶ビール（中瓶）
容量500ml

生ビール（中ジョッキ）
容量350〜500ml

生ビールは泡のぶんだけ量が少なくなり、7:3の比率でいえば500ml入る中ジョッキでも350mlしか入らないことに（なんと小瓶の容量334mlに近い）。瓶ビール（中瓶）と生ビール（中ジョッキ）がほぼ同じ料金なら、瓶ビールのほうがお得といえる

ビール3度つぎ

手酌のすすめ

2人連れで飲む際、よくやりがちなお酌の応酬。せっかくのおいしいビールがもったいない。相手に断って手酌でやろう！

STEP1
なるべく高い位置から注ぐ。はじめはゆっくり、途中から勢いをつけて泡を立てる

STEP2
泡がおさまりグラスの半分くらいになったら、グラスの縁からそっと注ぎ込むように2回めを注ぐ

STEP3
フワリとした泡が下がらないように、最後にそっと注ぎ足す。泡はグラスの縁から2cm程度盛り上げる

居酒屋ならではのレアなビール

● 熱烈なファンのいるサッポロ「赤星」

　居酒屋のビールファンには特定の銘柄を愛飲する人が少なくない。スーパードライ（アサヒ）、キリンラガー、一番搾り（キリン）、黒ラベル、ヱビス（サッポロ）などが代表的なところ。

　そのなかでも熱烈な愛飲家をもつのがサッポロラガービール。通称「赤星」だ。明治10年（1877）に誕生した、現存する日本最古のビールブランドで、星マークは誕生時から変わらないモチーフ。見た目もレトロでいい。スーパーには置いていないし、広告も打たない。いわば酒場ならではのレアなビールだ。国産ビールとしては珍しく熱処理をしたその味わいは生とは違い、しっかりとした深みとほどよい苦味が特徴。この赤星に出逢うと、大喜びする呑兵衛も。あまりたくさんの店には置いていないので、見つけたら一度は飲んでおくべきだ。

● 独特な味わいの黒ビール

　黒ビールの愛飲家や、たまには黒ビールを飲んでみるという居酒屋ファンも多い。普通のビールとの違いは、濃色の麦芽を原料に使用しているところ。そもそも日本でつくられている黒ビールは少ないので、置いていない店もある。その味わいの特徴となっているのは、何といってもまろやかなコクと後味のキレの爽快さだ。「苦くて香りがキツイ」「アルコール度数が高い」といった先入観をもつ人が多いかもしれないが、普通のビールと比べてみると、よりしっかりした麦の味わいを堪能できるだろう。肉類、魚介類との相性もよいといわれている。普通のビールと5:5の比率で割ったハーフアンドハーフという飲み方もある。

見つけたら飲んでみよう

「赤星」がレアな理由 ①

スーパーやコンビニはもちろん、普通の酒屋にもあまり置いていない（20本セットなどがネット通販で入手可能）

「赤星」がレアな理由 ③

メーカーがあまり宣伝広告を打たないので、知る人ぞ知るビールとも

サッポロラガービール「赤星」

下町酒場の定番ビール。独特のコクと力強い味が特徴。同じサッポロ「黒生」と飲み比べてみるべし

「赤星」がレアな理由 ②

大瓶、中瓶のみ（缶入が限定販売されることもある）

「赤星」がレアな理由 ④

居酒屋でも置いている店が少ないので、見つけたらラッキー！

まずは、何といっても煮込みからいこう

シンプルな豚バラ焼きなど、こってりしたものにも合う

普通のビールと黒ビールを5：5で割ってハーフアンドハーフに。居酒屋には黒ビールのギネスを置く店も少なくない

ホッピーの4段活用

● ホッピーの頼み方のキホン

　ホッピーは唯一、客側が"つくる"喜びを感じることのできる酒だ。多くの場合、氷と少量の焼酎を入れたジョッキ、栓を抜いたホッピーというセットで提供される。ホッピーを注ぐ量は客の好みでよく、濃いめにも薄めにもできる。ビールのようなほろ苦い味と焼酎のアルコール分が混じり合い、独特の飲み口をもつのでファンが多い。

　さて、1杯めを飲み終えると瓶にホッピーがあまるはず。次に焼酎を追加注文しよう。注文する際は、焼酎を「ナカ」、ホッピーを「ソト」と呼ぶ。焼酎が足りなくなったら店の人に「ナカください」、ホッピーが足りなくなったら「ソトください」と頼めばいい。値段はどちらも200〜250円くらい。ナカを頼んだら焼酎がいっぱいで喜んでいる場合ではない。氷のぶん多く見えるに過ぎない。

● おいしいホッピーのいろいろ

　ホッピーをおいしく飲むには、焼酎ハイボールの項でも書いた"三冷"が理想的だが出す店は多くない。運よくメニューにあったら頼んでみよう。ホッピーは勢いよく注ぐのがコツだ。その際、「マドラーちょうだい」などと頼んだりすると、「このド素人め」という眼で見られるので注意。さらに焼酎をシャーベット状に凍らせた"シャリキン"のホッピーを置く店もあるので見つけたらぜひ。

　生ホッピーの存在を知るのは熱心なファンに限られよう。焼酎とホッピーが混合された状態で樽からジョッキに注がれて提供される。クリーミーな泡立ちは生ならではだ。以上がホッピーの4段活用というわけだが、全部極めた人は少ないかも。2つは経験しておきたい。

これがホッピースタイル

スタンダード

焼酎はジョッキに入っている場合と、別グラスでもらえる場合とがある。追加注文は焼酎を「ナカ」、ホッピーを「ソト」と呼ぶ

三冷

ジョッキ、焼酎、ホッピーをキンキンに冷やした状態。温まらないうちに早く飲むのがキホン

シャリキン

シャーベット状に凍らせた焼酎を割るスタイル。置いている店は三冷よりもさらに少ない

生ホッピー

生ビールのように樽から直接注ぐスタイル。滅多にないので見つけたら飲んでみては。白、黒、ハーフ(黒&白)もある

ソト○ナカ○

ホッピー1本に対し、ナカ(焼酎)を3杯飲んだ場合を「ソト1ナカ3」と呼ぶ。焼酎4杯なら「ソト1ナカ4」。ホッピー1本で多くの焼酎を飲んだほうが得でもあるし、呑兵衛の証に

 +

ソト　　　　ナカ　　　ナカ　　　ナカ

日本酒の種類
代表的な4つのタイプ

● 醸造アルコールの使用割合で大別

じっくり時間をかけて酒を味わうなら日本酒がいい。ただし、ひと口に日本酒といっても店によって扱うものに違いがある。日本酒はこだわりの1種類しか置いていない店もあれば、全国各地の地酒がズラリと並んでいる店もある。以下のようなことを知っておくと、たくさんあるなかから好みの味を選びやすくなるかもしれない。

まず安い酒場で出されるのが普通酒だ。後述する純米酒などと異なり、米と米麹に加え、醸造アルコールを10％以上添加してつくられる。さらに糖類や酸味料を混合するものも。ひと昔前は「アル添」と呼ばれ、悪酔いする酒の代名詞のように言われたものだが、近年は吟醸酒と変わらない味わいの酒も登場。そんなうまい普通酒を期待したい。

● 特定名称酒はこだわりの酒

日本酒に強い店のメニューをよく見ると、純米酒、吟醸酒、本醸造酒の3つのタイプの酒（特定名称酒）に分かれているはず。味を整えるために用いる醸造アルコールは10％以下であることが規定されている。それぞれの酒の製法と味には次のような特徴がある。

純米酒は、米と米麹だけでつくられ、原料の米がもつ豊かな旨味やコク、ふくよかで芳醇な味わいをもつ。吟醸酒は、原料の米を60％以下にまで削り、「吟醸造り」という手間とコストのかかる製法でつくられる。リンゴのようなフルーティーな香りと淡麗な味わいが特徴。本醸造酒は、米を70％以下に削ってつくられる。純米酒に近い風味をもち、より淡麗でまろやかな味わい。ほかに大吟醸、特別純米酒など、原料、精米歩合などの違いによって8種類に分けられている。

日本酒の人気銘柄はコレ

普通酒

冷やから熱燗までいける「賀茂泉 緑泉」(広島)はキレのよい味わい。「喜久酔」(静岡)のやや甘味を感じる飲みくちのファンは多く、飲食店でもよく出されている

本醸造酒

飲み飽きない定番の酒「本仕込 浦霞」(宮城)はやわらかな味わい。「一ノ蔵無鑑査本醸造辛口」(宮城)には甘口、超辛口もある。どちらも居酒屋で目にすることが多い

吟醸酒

やわらかな吟醸香とクセのない味わいの「八海山」(新潟)。フルーティーですっきりしたのど越し「銀嶺立山 吟醸」(富山)は、どちらも吟醸酒のよさを表現した酒

純米酒

濃厚なのにコクのある「菊水の純米酒」(新潟)は燗にしてもうまい純米酒。「初孫 生もと純米酒」(山形)は天然の乳酸菌を活用して造られ、奥深い味わいとすっきりした後口

日本酒の味わい
データに表せない繊細さ

● 日本酒度が甘辛の目安に

日本酒好きが、「スッキリした淡麗辛口に限る」とか、「深みのある芳醇な甘口がよい」というのはよく耳にするフレーズだ。近年は辛口の酒に人気があるようだが、甘口とどう違うのだろうか？

それを区別するには、日本酒のラベルの裏に記載されている日本酒度が目安になる。日本酒度は日本酒に含まれる糖度を数値化したもので、特殊な分析器を使って測定され、＋3.0や－1.0などと表示される。水と同じ重さなら日本酒度は±0、水よりも日本酒が重ければマイナス、軽ければプラスになる。一般に、「＋1.0～5.0」で中辛、「＋5.0以上」で辛口。プラスになるほど辛口になるといわれている。

● 酸度によっても味わいは変わる

しかし、これはあくまで目安と考えればいい。日本酒度がプラスに傾いているからといって辛く感じないこともある。甘口なのにピリリと辛いものもあるのだ。日本酒の味わいに影響を与えるのは口あたり。日本酒度が必ずしも甘辛を示しているものではない。

日本酒の味わいは酸度によっても変わってくる。酸度は日本酒の製造工程で米などの原料から発生した乳酸、クエン酸、リンゴ酸などの含有量を示したもので、やはりラベルに表示されていることもある。0.5～3.0程度の数値は、高いほど芳醇で濃厚（辛口）、低いほど淡麗（甘口）といわれている。

つまり、日本酒度が＋5.0であっても、その酒に含まれている酸の含有量次第では甘く感じることもある。甘辛の基準は単純な数値で表すことはできないのだ。

ラベルの読み方

① アルコール度数

15度〜16度くらいのものが多い。原材料は純米酒なら「米・米麹」、本醸造酒では「醸造用アルコール」が表記される

② 分類

「本醸造」「吟醸」「大吟醸」など、特定名称酒の分類を表記

肩貼り

表示義務はないが、たいてい蔵元名や分類について表記。斜めに貼ってあるものも

① 精米歩合

吟醸は60%以下、大吟醸は50%以下になる

② 日本酒度

甘い・辛いを数値で表示したもの。プラスの値が高ければ辛く、マイナスが大きいと甘い味わいになる

③ 酸度

0.5〜3.0程度の数値は、高いほど芳醇で濃厚(辛口)、低いほど淡麗(甘口)とされる

④ 製造年月

蔵元が瓶詰をした年月を表示。おいしく飲めるのは製造年月から1年くらいまで

日本酒の飲み方 その1
世界で唯一温度変化を楽しめる

● 温度によって見せる変化

　日本酒は、燗してよし、冷やしてよし、また常温でもよし。四季の移ろいとともに自分好みの飲み方が楽しめる。気候や料理に合わせて飲み方を変えてみよう。純米酒や大吟醸は冷やで、本醸造酒は燗で飲むというスタイルは過去のものだ。日本酒造組合中央会のホームページでは、日本酒の温度の目安を紹介している。それによると、軽快で滑らかなタイプは6〜10℃もしくは氷温近く。香りの高いタイプは10〜16℃またはぬる燗も可。コクのあるタイプは10〜45℃ともっとも広い温度によって香りと味に変化を見せるという。

　1本1本味わいが違うだけでなく、おすすめの飲み方もまったく異なるところが日本酒ならではの醍醐味だ。

● 大吟醸でも燗を楽しめる

　華やかな香りのする吟醸酒は冷やすのが一般的な飲み方だが、燗して飲む人も少なくない。燗をすることで、冷やや常温にはない香りが立つのを楽しむ方法だ。

　一般に日本酒は燗をすると舌触りが滑らかになり、旨味を増すといわれている。温度は、「日向燗」（30℃前後）と呼ばれるものから、「飛びきり燗」（55℃以上）まであるが、通常は「ぬる燗」（40℃前後）か「あつ燗」（50℃前後）で頼めばよい。どちらが自分の好みに合うかを知っておこう。また、大吟醸だからといって燗を頼んでいけないわけではない（燗に合わない大吟醸もある。店によって提供方針は異なる）。燗に合う酒の品揃えを売りにする居酒屋も増えていて、味わい方も広がりを見せている。どういうわけか、若い女将が多い。

冷、燗、常を楽しむ

冷やしてよし

(燗) (常温) もよし

居酒屋で高い人気度をキープする「〆張鶴 純」(新潟)は純米吟醸酒。澄み切った後味はまさに淡麗辛口の極みといえる

バランスのよい旨味と上品な味わいの「飛露喜 特別純米」(福島)。甘い果実のような香りが楽しめる

POINT ガラス器

伝統技法を生かした複雑なカット模様をもつ江戸切子のグラスは、冷酒やビールを飲むのにもってこい

燗してよし

普通酒「緑川正宗」(新潟)は熱燗専用の酒。やや熱めの燗にすると、もち米の香りが引き立つ

(常温) もよし

しっかりした味わいと控えめの香り、「銀盤 純米大吟醸」(富山)は常温かぬる燗がおすすめ

POINT 燗徳利

徳利には陶器もあるが燗酒なら磁器を。磁器のほうが熱伝導率がよく燗が早くつくのだ

常温でよし

(燗) (冷) もよし

どっしりした飲みごたえと芳ばしい香りの「菊姫 山廃吟醸」(石川)は冷やしてもぬる燗でも楽しめる

(冷) もよし

吟醸酒ブームの火付け役「出羽桜 桜花吟醸酒」(山形)はふくよかな味わいで誰にでも好まれる

POINT うすはりグラス

手に取ったときの軽さ、口あたりのよさが、うすはりグラスならでは。電球用ガラス生産の技術によってつくられる

※ (参考:日本酒造組合中央会のHP http://www.japansake.or.jp/sake/)

日本酒の飲み方 その2
酒好きだからこその流儀

● 枡酒の飲み方いろいろ

国産ヒノキの木目が美しい枡で飲む日本酒。ひときわ贅沢な気分にひたることができる酒だ。こも樽入りの樽酒を置いている店は少ないが、白木のカウンターに枡が並んでいたりすると、まさに日本酒を飲むための空間。角打ちの伝統的な飲み方にのっとり、枡の角に塩をちょこんと盛って酒と一緒に口に含むと、ヒノキの香りとともに甘さを感じることができる。日本酒が好きならやってみるといい。

枡酒の飲み方は4本指の上に枡を置いて、親指を縁に掛けるというのが正しい方法というが、酒場では普通に角を軽く持って飲む人のほうが多い。また飲むところは角ではなく直線の部分からというが、それもムリがあるので鵜呑みにする必要はないだろう。酒場では堅苦しいルールは忘れていい。そんなアバウトさが魅力なのだ。

● 枡酒と"もっきり"は違う

枡のなかに置いたグラスになみなみと酒を注ぎ、枡にこぼす飲み方もあるが、これは上記の枡酒とは別物。いわゆる「もっきり」（盛り切りが語源）は、酒好きを喜ばせるためのちょっとした演出だ。飲み方は、まず枡を支えにしてグラスを口元に運び、いくらか飲んでグラスの酒が少なくなったら、枡の酒をグラスに継ぎ足せばいい。

枡ではなく小皿のことも多く、グラスは厚手の角張ったもので角が丸くなるまで使い込んだものだったりする。このレトロ感あふれるグラスにはあまり高くない酒が似合う。下町の大衆酒場に行くと、そんなグラスで常温の酒をキュッとやりつつ煮込みをつまんでいる粋なお爺さんの姿を目にすることもある。それがまたうまそうなのだ。

枡酒の飲み方

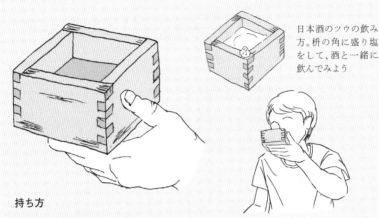

日本酒のツウの飲み方。枡の角に盛り塩をして、酒と一緒に飲んでみよう

持ち方

枡酒の正しい持ち方は、4本指の上に枡を置いて、親指を縁に掛ける方法だがこだわる必要はないし、飲みにくい。女性なら、片手を添えるといい

飲み方

一般に角のところから飲むが、正しい飲み方は直線の部分から

もっきりの飲み方

① グラスからあふれ出した酒が枡にまで溜まっている。これでは持つのさえ危ない

② テーブルに置いたままのグラスに口をつけて吸い込み、あふれた酒を少し減らす

③ 枡を添えてグラスから普通に飲む

④ 枡に余った酒はグラスに継ぎ足して飲む。もちろん枡から飲んでも構わない

焼酎の種類・特徴
熱狂的なファンの支持が厚い

● 焼酎には甲類と乙類がある

　焼酎は酒税法上、連続式蒸留焼酎（一般に甲類。アルコール分36度未満）と単式蒸留焼酎（乙類。45度以下）に分けられる。そして日本酒が米を中心につくられるのに対し、焼酎の原料は幅が広い。

　まず甲類はサトウキビや雑穀などの搾り汁を原料として何度も蒸留してつくられる。原料の風味に乏しく、おもに酎ハイなどのサワー類に用いられるが、有名銘柄「亀甲宮」（通称キンミヤ）のすっきりした味わいの愛好家も多くストレートでもいける。これぞ呑兵衛の焼酎だ。とくに焼とん、モツ焼きなどには欠かせない。キンミヤしか置かない酒場もあるほど、店と客双方からの肩入れが強い。

● 入手困難なプレミア焼酎も

　乙類はサツマイモ、麦、そば、米、黒糖などを原料に、1回の蒸留でつくられる。原料のもつ風味や旨味を生かした味わいが特徴だ（沖縄特産の米を原料とするものを泡盛と呼んでいる）。珍しいものでは、栗や焼き芋を原料とする変わり種も。これらは"本格焼酎"と呼ばれる酒だ。その味わいは、まさにバラエティに富む。芋焼酎はふくよかな風味と独特の甘み。麦焼酎は芳ばしい香りと淡麗な風味。そば焼酎はほんのりとした甘味とさっぱりした飲み心地。米焼酎は米特有の吟醸香とまろやかな風味が特徴。

　本格焼酎のなかでも「幻の焼酎」として一部に熱狂的なファンをもつ銘柄「森伊蔵」「魔王」「村尾」は「3M」と呼ばれ、生産量が限られるため入手困難に。ボトル1本ウン十万円するものもあり、普通の居酒屋でお目にかかることはまずないだろう。あっても高いぞ。

居酒屋で人気の焼酎

甲類

「亀甲宮」(キンミヤ)にはアルコール分20度と25度があるほか、一升瓶をはじめボトルキープ用720ml、飲み切り用300ml入りなどがある

「宝焼酎」も大衆酒場で目にすることが多い。姉妹品の「宝焼酎ゴールデン」も登場し、置く店も増えている

アサヒビール製の甲類焼酎「焼酎ダイヤ」はキンミヤ、宝ほどではないが一部の酒場で根強い人気

乙類

本格焼酎ブームの火付け役ともなった「富乃宝山」(鹿児島)は芋焼酎が苦手という人にも飲みやすい

「赤霧島」(鹿児島)は製造元の人気商品「黒霧島」の限定生産バージョン。香り高い甘味のある芋焼酎

屋久島の名水で仕込まれた「三岳」(鹿児島)は少量生産のため、どこにでもあるわけではないツウ好みの芋焼酎

大分麦焼酎を代表する「二階堂」は、すっきりまろやかで誰にでも好まれる味

音楽を酒に聴かせて造るという「田苑」(鹿児島)は、上品で穏やかな香りで飲み口がまろやかな麦焼酎

米の旨味を最大限に生かした「白岳」(熊本)。軽快な飲み口とふくらみのある口あたり

焼酎の飲み方
知る人ぞ知る"ロクヨンの法則"

● お湯割りのキホン

本格焼酎は湯や水で割っても味や香りの変化が少なく、おいしさを堪能できる。焼酎はボトルで注文し自分でつくることも多いので、お湯割りと水割りのつくり方のキホンをみてみよう。

お湯割りは焼酎6割、湯4割のいわゆる「ロクヨン」が目安。まずグラスに湯を入れてから焼酎を注ぎ入れる。湯を先に入れておくと焼酎を入れたときに対流が起こり混ざりやすいからだ。これで焼酎のアルコール度数が25度なら、15度くらいに薄まるものの、香りや旨味が増して飲みやすくなる。もちろん割合は好きな濃さでもいい。

また、あらかじめ焼酎と水を6：4〜5：5くらいで割っておくことを「前割り」と呼び、これを燗すると普通のお湯割りよりもまろやかな味わいが楽しめる。前割りした焼酎を用意している店もあるので試してみよう。

● 水割り&オンザロックのキホン

水割りのつくり方で注意したいのは、お湯割りとは逆に、焼酎を先に入れてから水を加えること。焼酎のほうが比重が重いので、こうすると対流ができて混ぜる必要もない。焼酎と水の割合はやはりロクヨンがキホンだ。

本格焼酎を湯や水で割って飲むなんてもったいないという呑兵衛は少なくない。そこで氷を入れるオンザロックなら風味をそのままに少し飲みやすくできる。ポイントは大きめのグラスと氷を用意するだけ。氷が小さいと溶けるのが早いので、のんびり飲んでいると水割りになってしまうことは言うまでもない。

お湯割りのつくり方

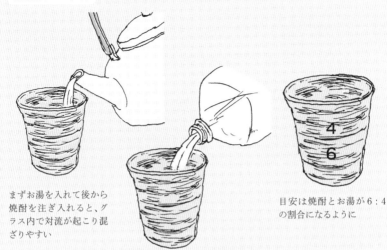

まずお湯を入れて後から焼酎を注ぎ入れると、グラス内で対流が起こり混ざりやすい

目安は焼酎とお湯が6:4の割合になるように

水割りのつくり方

前割り

焼酎と水を6:4〜5:5くらいで割って1日放置。これを燗するとまろやかな味わいに

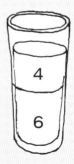

お湯割りとは逆に、焼酎を先に入れてから水を注ぎ入れる

割合はやはり焼酎と水が6:4に

特徴ある焼酎のフシギな世界

● 昔ながらの手法でできた焼酎

　焼酎好きの店主が営んでいるような酒場には、滅多にお目にかかれないような酒もある。たとえば本格焼酎の「甕仕込み（甕壺仕込み）」「甕壺熟成」などと呼ばれるものだ。甕仕込みはもろみを仕込み、原料と水を加えて発酵を促す工程で甕を使ったり、完成した焼酎を甕で貯蔵・熟成させた焼酎。甕独特の丸みのある容器内では、発酵するときに自然な対流が起こり、半分以上床面に埋められているので一定した温度管理が可能だ。焼き物ならではの風味も加わり、まろやかな口あたりになる。甕壺熟成は甕仕込みと同じように、一般的なステンレス製のタンクよりも容量が少なく手間もかけられるので、長期熟成をさせる焼酎に適しているのだ。焼酎の深い世界を味わうことができる。

● 遊び心のある変わった飲み方

　甲類焼酎は、42ページで紹介した代表的なサワー類以外にも、居酒屋のメニューだったものが口コミで広がり、今や知る人ぞ知る飲み方になっているものも少なくない。なかでも代表的なものを紹介しよう。

　たとえばロックや水割り、焼酎ハイボールなどに、大葉と唐辛子を入れた「金魚割り」はピリッとした舌ざわり。キュウリスライスを浮かべる「河童」はメロンのような風味。コーヒー豆を漬けて風味を引き出すコーヒー割り。その名通りの牛乳割り。また少し前にはアイスキャンディーのガリガリ君をそのまま入れたものも話題になった。

　ほかにも店によってはアッと驚くようなユニークなサワーに出会うこともあり、それも楽しみのひとつ。酒場は遊び心のある、おもしろい飲み方を発信するところでもあるのだ。

甕仕込み・甕壺熟成

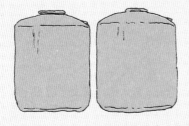

通常のタンク(左)と違い、甕を半分以上床面に埋めた状態で貯蔵。一定した温度管理が可能になるなどのメリットがある

おもしろサワーのいろいろ

金魚割り

赤唐辛子と大葉入りでピリッとした味わい。赤唐辛子が金魚のように見える

河童

河童の好物といわれるキュウリを細切りにして入れるだけ。メロンのような風味がする

牛乳割り

焼酎を牛乳で割るだけ。牛乳の味のコクが増しておいしい

トマトジュース割り

焼酎をトマトジュース、炭酸水で割るだけ。トマト好きは病みつきになるかも

ガリガリ君サワー

チューハイにガリガリ君を丸ごと入れるだけ。かなり甘くなるので注意

オロナミンサワー

炭酸水の代わりにオロナミンCを1本入れるだけ。意外にファン多し?

いろいろな酒を少しずつ飲める
日本酒、焼酎

● グラス売りなら少しずつ味わえる

　日本酒や焼酎のいいところは、味や料金を別にすれば、いろいろな酒を少しずつ飲めるという点にある。普通の酒場で日本酒を徳利で頼む場合、一般に一合徳利（約180ml）、二合徳利などで出されることが多いが、この酒は失敗だと感じたり、途中で飽きてしまうこともある。そこで呑兵衛心をくすぐるのがグラス売りをする店だ。

　グラスは通常90〜120mlくらいの少量が入るもので、料金も安く提供してくれる。店が一升瓶で仕入れた酒を一杯ずつ注文することができるのだ。特定の酒をたくさん飲むよりも、いろいろな酒の特徴のある香りやコクを味わいたいというときにも向く。たまたま数量限定の酒の入荷にめぐり合ったりすると、手ごろな値段で飲めることもあるので見逃さないようにしたい。

● いろいろな酒を味わえる店も

　全国の地酒を豊富に揃えている店では、旬の酒を3種類ほど飲み比べできる「お試しセット」もあったりするので試してみるべし。日本酒の味わいの違いを知る機会にもなるし、料金もお得になっているはずだ。気に入った酒があれば次回の来店時に頼めばいい。

　また一時期ほどではないが、日本酒のカップ酒を置いて売りにする店もある。スーパーやコンビニにあるカップ酒のようなものとはワケが違う。山形「上喜元（じょうきげん）」、宮城「墨廼江（すみのえ）」、愛知「長珍（ちょうちん）」など、地酒の有名銘柄の純米酒を一合ずつ飲むことができるのだ（本格焼酎もある）。カップのデザインに猫やパンダなどを使ったポップな感覚も受けているようだ。

いろいろな飲み方

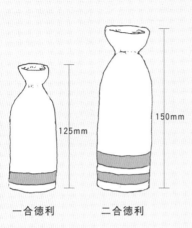

一合徳利 125mm

二合徳利 150mm

比較

一合徳利

門前仲町〈魚三酒場〉で燗酒を頼むと出てくる大徳利（1,400円）にはビックリ！ 5合入る巨大なものだ

グラスのいろいろ

米本来の味を味わう純米酒などにはふくらみを持たせた形。香り高い吟醸酒などには口が広くなったものや、ラッパ型になったグラスがおすすめ

カップ酒のいろいろ

「にゃんかっぷ 志太泉 純米吟醸」（静岡）

「御代櫻 純米CUP」（岐阜）

お試しセット

お試し用メニューのなかから銘柄を選んで、香りや味わいなどの違いを味わえる

「若鹿 上撰 青バンビカップ」（福井）

「純米酒 ずZOOっと旭山セット」（北海道）

通好みの"梅割り"って何？

●「1人3杯まで」のルールも

　下町で呑兵衛たちに古くから愛飲されてきたのが梅割り。といっても梅干しを入れた焼酎のお湯割りや梅干しサワーとは別物。ベースの焼酎にはたいてい25度の甲類焼酎キンミヤが使われ、病みつきになる呑兵衛が後を絶たない。200mlほど入る小さなグラスに入れた焼酎ストレートに、梅エキスの容器から3～4滴ほど垂らして供される。

　梅エキスによって琥珀色に染まると、いつもの焼酎が特別なものに感じられるから不思議。焼き鳥や焼きとんの店にあることが多いが、「1人3杯まで」というルールが決められていたりする。度数が高いわりに、スイスイ飲んでしまうので、それ以上飲むとつぶれてしまうからだ。飲みなれないとキケンなので、初心者は注意が必要だ。

● ナゾのエキスの正体は？

　梅割りに使われる梅エキスは下町ハイボールの項でも述べた天羽飲料の「天羽の梅 赤ラベル」と、合同酒精の「梅の香GOLD」が代表的。前者は黄色っぽくほのかな香りが、後者は赤っぽくて甘さが特徴で、それぞれ異なる風味を楽しめる。

　梅割りは甲類焼酎のストレートよりさっぱりとした飲み心地が人気の理由だが、まったく梅の味はしない。割り材の主成分は香料と甘味料がほとんど。「天羽」のラベルがたまたま梅をデザインしたものだったので、梅割りと呼ばれるようになったようだ。じつは戦後の粗悪な焼酎を少しでもおいしく飲めるように開発され、下町の焼酎ハイボールの割り材として使われてきた。それでも現在も製造法は明らかにされていない。呑兵衛たちは謎のエキスに酔いしれるのだ。

梅割りのつくり方

酔っ払いを嫌うというよりも、客同士のトラブルを防ぐためのルールといえよう

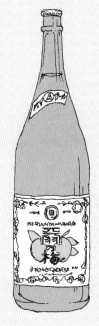

梅エキスの代表格

天羽飲料の「天羽の梅 赤ラベル」。主成分は香料と甘味料がほとんどで、詳しい製造法は明らかにされていない

必須アイテム

梅エキス用に醬油差しやドレッシング用のボトルなどを代用するのが一般的

① まず客の前に空のグラスを置き、そこに一升瓶から焼酎を注ぐ。受け皿にあふれるまで注ぐのがポイント

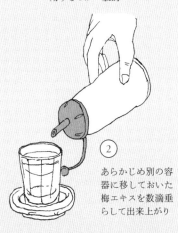

② あらかじめ別の容器に移しておいた梅エキスを数滴垂らして出来上がり

バイス、ホイスって何?

● 甘酸っぱい駄菓子のようなバイスサワー

居酒屋には街の酒屋にも置いていない酒があったりする。そのひとつがホッピー以上にB級感満点のバイスサワー。居酒屋ファンでも飲んだことのある人は少ないかも。バイスはコダマ飲料が製造している甲類焼酎の割り材で、赤シソの風味が特徴。「梅酢」を訓読みして「バイス」というわけ。成分はリンゴ果汁のほか、香料や糖類など。焼酎を炭酸水、バイスで割ったものがバイスサワーだ。居酒屋では300円前後なので手ごろに飲める。焼酎と炭酸水、バイスの割合は3:6:1。レトロな駄菓子感覚は、一度は飲んでみる価値あり。安くて甘酸っぱい口あたりは、まるでお菓子の「小梅」のような味わい。「何これ!おいしい」と、女性にも飲みやすい。かつては居酒屋でしか飲めなかったがネットで購入することが可能だ。

● 薬草のような風味のホイスサワー

ホイスサワーは薬草のような風味が特徴で、ポーランド産の蒸留酒ズブロッカのような飲み心地。庶民には高値の花だったウイスキーをもじって「ホイスキー」、それが転じて「ホイス」と名付けられたとか。製造するのは飲料メーカーの後藤商店。焼酎と炭酸水、ホイスの割合は、6:10:4。密かに愛飲する人はいるが、バイス以上に珍しい「幻の酒」といえるかも。やはり300円前後なので、居酒屋で見つけたら一度は飲んでみてもいい。

なお、コダマ飲料ではコダマサワーという割り材も製造していて、クエン酸サワーとして飲まれている。これもレアな飲み物だ。一度飲んでおけば、酒場での会話の"実績づくり"にはなるだろう。

意外なサワーに注目!

どこにでもある飲み物ではないが、意外な店にあることも

バイスサワー

割り材としては炭酸の入っている「バイスサワー」と原液があり、酒場では後者がよく使われる。梅シソの香りのさっぱりした飲み物

クエン酸サワー

飲み過ぎや疲れに効くというクエン酸サワーは、レモンサワーよりも酸っぱくほんのり甘味が残る

ホイスサワー

薬草のような風味が特徴で、さっぱりしたかすかな甘味のする飲み物。クセになるという声も

歴史を感じさせるホイスのポスター

ボトルキープすることの安心感

● お得感のあるボトルキープ

呑兵衛なら酒場でボトルを入れるのは当たり前。言うまでもなく一杯ずつ注文するよりも割安になるからだ。ボトルに水・湯、氷と割り材（ソーダ、レモンなど）を用意してもらい自分で酒をつくれば、いちいち注文をする手間を省けるというメリットもある。

ボトルキープできる店なら、1回で飲みきらなくてもキープしておけばお得感があるし、店にとってはその客が気に入ってくれたのだと受け取ってくれるだろう。そのようにして居酒屋の客と店は持ちつ持たれつの関係を築いていくのである。ボトルを置いて通いはじめた店で、そのうち何も言わないでもマイボトルを出してくれるようになったら常連に近づいたことの証となる。

● ボトルがあれば水、氷代だけでOKだが…

呑兵衛にとってボトルキープする大きな理由は、ボトルがあれば酒代はいらず、水と氷などの料金だけですむという点だ（飲み方によっては割り材代も必要）。複数のお気に入りの店にボトルキープするようになれば呑兵衛の免許皆伝も間近。棚のボトルのサインを見て常連の顔が浮かんだり、自分のサインがうまく書けるようになれば一人前といっていい。デメリットとしてはボトルがある店以外の店に行かなくなる傾向があること、ほかの酒を飲まなくなりがちなことだ。こうなると特定の酒場にどっぷり浸かることになりかねないので注意しよう。

なお、ボトルの有効期間は店によっても違うが、だいたい最後の来店時から3ヵ月くらいで処分されてしまうのが普通だ。そんなに行かないのならボトルを入れる意味もないのだが……。

一升瓶から何杯飲めるか見てみよう

※一升瓶＝1800ml

ロック　80ml

1日に4杯飲むとしたら6日間でほぼ空に

22.5杯
＝1日4杯／6日間

POINT
"薄め"はもっと飲める

水割り　60ml

1日に4杯で7日間はもつ。8日めも2杯飲める

30杯
＝1日4杯／7日間

酒の一合、二合は正確とは限らない?

● 正一合徳利に入るのは何ミリリットル?

酒場で出る酒がメニューに「一合」と表記してあっても、実際は分量に誤差があることが少なくない。それは、そもそも徳利の容量が違うからである。ちなみに正一合は約180mlである。そこで、市販されている徳利に酒がどれだけ入るか容量を調べてみた。

すると、一合徳利は150ml前後、二合徳利は260〜330mlのものが多い。陶製の徳利は窯で焼成する際に収縮することもあり、厳密な容量に統一するのは難しいからだろう。前述のサイズで一合徳利を3本空ければ450ml、正一合3本分の540mlより90mlと小さいグラス1杯くらい少なくなるのだから酔い方もけっこう違うはず。店主に悪気はなくても、酒場とはそういうものだと割り切るしかない。

● 正確に正一合にこだわる店

正一合をきちんと量って出す居酒屋もある。なかでも東京・湯島の〈正一合の店 シンスケ〉という老舗居酒屋は店名に謳うほど正確を信条としている。酒は秋田「両関」(本醸造・純米)しか置いていないのは、戦時中の酒が手に入らないときに両関の蔵元だけが工面してくれたことに初代店主が感謝したからだという。一合にきっちり量った酒が、特製デザインの白徳利で出される。

巷には一合徳利と謳いながら、前述のように分量が足りないままに出す店が少なくない。それに業を煮やした初代の心意気だろうか。酒の量が正確であれば味がよいわけではないが、受け継がれた伝統に触れると、背筋が伸びるような気分にさせてくれる。安い店ではないが、一度訪れてみれば居酒屋世界の奥深さを感じることができるだろう。

「正一合」にこだわる

酒場の徳利には容量が一合、二合に満たないものが少なくない。かつて、それを潔しとしない店では「正一合」と染め付けた徳利を使っていたとか

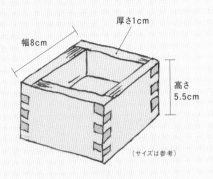

（サイズは参考）

もともとは米を量るのに用いられた枡は、日本酒を飲むのにもピッタリ。ヒノキの香りが立って酒をよりうまくする

シンスケ（湯島）

酒屋が7代続いたあと大正14年（1925）に居酒屋となり、現在は4代めが後を継ぐ老舗。1階のカウンターはヒノキの1枚板。2階は落ち着いた雰囲気のテーブル席があり、団体客での利用もできる

鍵屋（根岸）

安政3年（1956）に酒屋として創業。昭和初期に角打ちをはじめ、昭和24年（1949）に居酒屋に。奥ゆかしい引き戸を開けるとL字型カウンターと小上がりがあり、昭和の居酒屋の粋を味わえる

つまみに合った酒を見つけるには

◉ 店の人におすすめを聞いてみよう

　酒場では酒もつまみも好きなものを頼めばいい。しかし、その時々に食べたいものに合わせて酒を頼んでみると、意外な発見があるかもしれない。たとえば珍味を口にふくんで飲み込まないうちに日本酒で喉に流してみると、そうしないときよりも味に深みが加わったりする。酒場はこうした飲み方を教えてくれる場でもある。酒場にはたくさんの酒と食材、それらに関わる人々も集まってくる。だから、酒場でしか聞けない情報が少なくないのだ。

　どんなつまみを選べばいいかわからないときは、店の人に聞くと「白身魚の刺身には、淡麗辛口のこの吟醸酒が合います」などとアドバイスしてくれたりする。また地酒に合わせるつまみは、その土地で採れるものが一番だと言われているので参考にしてもいい。

◉ 相性のいい酒とつまみがある

　酒には相性のいい食べ物があるものだ。日本酒なら、吟醸酒、純米酒、本醸造酒それぞれのコクや香りに特徴がある。組み合わせによっては、つまみの旨味との相乗効果が生まれ、いっそう堪能できる。たとえば、華やかな香りの吟醸系には魚介類の刺身、米の旨味を感じさせる純米系には煮物や焼き鳥、すっきりした味わいの本醸造系には冷奴から濃いめの味付けの和食まで、といった具合。

　ほかに相性のいい組み合わせとしては、焼酎にはモツ料理、さつま揚げ、豚肉料理などこってりしたもの、ビールやサワー類なら鶏の唐揚げ、チーズなど洋風メニューでも何でも合う。

相性のいい組み合わせ

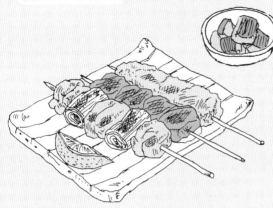

純米酒

濃厚でコクがあり米の旨味を感じさせる純米酒には、肉料理や炒めものがよく合う。手軽なものでは焼き鳥がおすすめ

吟醸酒

フルーティーな香りとすっきりした喉越しのよさが特徴の吟醸酒には、刺身や蒸し物、豆腐料理など淡白なものがおすすめ

本醸造酒

冷やでも燗でも常温でもよし、料理の味を引き立てる淡麗辛口の本醸造酒なら、さまざまな料理が合う。濃いめの味付けの煮魚がおすすめ

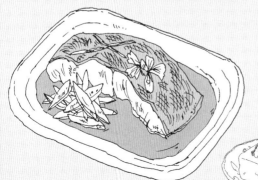

~ 定食屋で飲む ~
# アジフライとマグロブツと猫の不在

　定食屋は家庭の食卓と似ているようで違う。和食も中華も洋食もあってなんでも選べる。JR中央線高円寺駅から北へ10分ほど歩いた住宅地に定食屋「天平」はある。引き戸をガラリと開けて店に入ると、いままさにカレーライスを食しているマスターと目が合った。あ、どうも。こんにちは。「酒を飲みに来ました」とはさすがに言えず、テーブルにつく。まずは瓶ビール（大瓶700円）を注文。定食屋のお通しはタダのことが多い。ここは柿ピーだ。つまみはアジフライ（400円）を頼む。当店は創業55年の老舗。看板には「民生食堂」という見なれない文字。戦中、食糧不足による米の配給制度で外食が規制され外食券食堂となり、それが緩和され民生食堂となったようだ。アジフライは黒く揚がっていてうまい。サクサクしている。箸が止まらない。

　店内をいろいろ見てみると土間だったり、腰板に凝った柄のタイルをつかっていたり、王選手のサインがあったりと見どころ満載。猫がいることもあるらしいのだが、今日はお留守だ。さてと、つぎはマグロブツ（500円）と熱燗（2合800円）を頼むとするか。マスターはさきほど話しかけたら奥に引っ込んでしまった。それからはテレビ鑑賞となる。入口の外は自転車が行きかうのみ。そろそろ1時間が過ぎるころ。さて行くか。次は飯を喰うべし。

第 **3** 章

酒場の
つまみを喰らう

定番メニュー　その1
焼き鳥は呑兵衛の"自分へのごほうび"

● 焼き鳥は"わかりやすい"のが特長

　道すがら焼き鳥屋なんぞがあると、つい団扇パタパタ煙モクモクに目を奪われてしまう。呑兵衛ならずとも誘惑の多い店だ。思わず冷えたビールのお供にしたくなってしまう。それがいま、焼きとん、モツ焼きに圧され気味。鶏といいながらじつは豚？　「鶏より豚」の世の中なのだ。といっても焼き鳥屋の魅力がなくなったわけではない。

　代表的なメニューは、レバー、砂肝、ハツなどの内臓部位に加え、正肉、皮、ナンコツが欠かせない。豚がほぼ内臓に限られるのに対し、バラエティに富むラインナップだ。さらに豚は部位そのものに重点を置くばかりに、その名称が何だかわかりにくいのが難点。焼き鳥屋では、鶏刺し、タタキ、つくねハンバーグなど、わかりやすい料理に応用が効くのも親しみが湧く。たまの贅沢をした気分になれるわけだ。

● 店の味がでるタレを選んでみよう

　地鶏のブランド化、一部焼き鳥屋のオシャレ化が進行するなか、呑兵衛には敷居が高い店も。しかし昔ながらの安い焼き鳥屋も多いし、普通の居酒屋に焼き鳥があったりするのも気安い。レバー、ハツなどを注文して、「塩タレ、どちらに？」と問われると反射的に塩を選択してしまいがちだ。しかし通ぶって塩を頼むなら、店の特徴が表れるタレにしてみよう。ミソダレという変化球を出す店もあるので侮れない。

　モツ焼きと焼き鳥の違いをあえて言うならば、ひとつは食感だ。正肉やつくねを嚙みしめたときにジュワッと溢れ出す肉汁。パリパリの皮の香ばしさなどはモツ焼きに求めるべくもない。安い焼き鳥屋を何軒か知っておくと、散歩が楽しくなることうけあいだ。

内臓系

レバー
肝臓。やわらかくねっとりした食感

ハツ
心臓。噛みごたえのあるプリプリした食感

砂肝
胃袋。コリコリとした弾力のある食感

ムネナンコツ
胸部にあるやわらかい骨だが、噛みごたえがある

バラエティ系

ネギマ
鶏肉とネギのマッチングは焼き鳥ならではの定番

皮
首の皮。パリッとした噛み心地でジュワッと脂が広がる

手羽先
弾力のある肉の旨味と皮のパリパリ感が持ち味

つくね
鶏挽肉に大葉などのみじん切りを合わせたりしたもの

鶏たたき
鶏肉の表面を炙っただけのたたきは、衛生管理のしっかりした店で食べたい。ほとんど生ならではの甘味が特徴

鶏ハンバーグ
地鶏を使ったフワフワな食感がいい。豆腐を混ぜているケースもある

定番メニュー　その2
モツ焼き、焼きとんは呑兵衛の"パワー源"

● 店ごとに違う味わい

　飲み屋横丁に必ず何軒かあるのが、牛や豚の内臓料理であるモツ焼きや、焼きとん（ホルモン焼きとも）の店。カシラ、タン、ハツ、レバー、ハラミ、ナンコツ、ガツ、テッポウなど、部位ごとに呼び名が変わる（84〜87ページ参照）。もっともポピュラーな食べ方は串焼き。入店するや1本ずつ3〜4種類を平らげ、すぐに次の注文をするような猛者もいて、まさにむさぼり食うという表現が当てはまる。

　1串80円前後〜150円程度と安くカロリー満点、立ち飲みで食べるのにも向く。店によっては、食べたあとの串の本数で計算するなど明朗会計でもある。まさに呑兵衛のパワー源なのだ。

　味付けは塩か甘辛いタレが中心。長年継ぎ足してきたタレは秘伝中の秘伝。そのつくり方が明かされることはない。オリジナルのニンニク味噌をおすすめされることもあり、店ごとに違う味付けも楽しめる。

● レバ刺に替わる人気メニュー

　近年、牛や豚のレバーの生食は食中毒のリスクがあるとして、食品衛生法に基づいて店での提供を全面禁止された。それを残念に思う呑兵衛は多く、いよいよ禁止されるという日には、レバ刺目当ての客が押し寄せるほどだった。そこでレバ刺に替わるメニューとして人気なのが、タン刺、ハツ刺、コブクロ刺、ガツ刺などだ。じつは生ではなく軽くボイルされている。これらの部位は茹でてもコリコリとした"生感"が出ることから、そう呼ばれている。味付けはネギのゴマソース、ネギ醤油、酢などさまざま。とくに新鮮なネギとの相性がよい。串焼きとまったく違ったとろりとした味わいなので一緒に試すべし。

焼きとん不動の人気メニュー

カシラ

頭部の肉。豚バラなどより脂が少なく肉の旨味を堪能できる

タン

舌。あっさりとして軽い歯ごたえと独特の香りが特徴

ハツ

クセや臭みがなく筋繊維を感じさせる独特の歯ごたえ

レバー

鶏よりもサクッとした歯触りでさっぱりした食感

ハラミ

横隔膜。やわらかくさっぱりしているうえに旨味もたっぷり

ナンコツ

喉元。コリコリした歯ごたえが特徴で噛むほどに味がでる

ガツ

胃袋。やや硬めの歯ごたえで脂が少なく食べやすい

コブクロ

子宮。さっぱりした味わいとコリコリした歯ごたえが特徴

"生"系

タン刺

生のモツマニアは多いので、詳しい人に教えてもらうのが一番の方法

コブクロ刺

コリコリした食感とネギ醤油が絶妙なハーモニーを奏でる

定番メニュー　その3
煮込みは呑兵衛の"ファストフード"

● 出てくるまでの時間が早い

　カウンターのなかの大鍋で終日煮込まれ、立ち昇る湯気が食欲をそそる煮込み。呑兵衛はカウンター越しに垣間見える大鍋の内容が気になるところだ。まずはモツ焼きや焼きとんを何本か頼んでおき、焼き上がるまでは煮込みをハフハフとつまもう。小鉢によそって刻みネギを散らすだけなので出てくるまでが早い。店の自慢料理にしていることも多く、ほとんどの客が頼んでいる定番メニューである。

　材料は豚の白モツだけのことや、ハツ、フワ（肺）などもあり、箸でつまんでどこの部位なのか考えるのも楽しい。豚のほかに牛スジ煮込み、鶏の煮込み。大根やニンジン、コンニャクなどを入れた具だくさんのものもある。味噌や醬油で仕立てたスープで茶色に染まった豆腐の、見事な色の変化はどうだ。2皿めを注文するのも悪くない。

● 東京三大煮込み

　居酒屋探訪家でもある作家・太田和彦氏が選んだ「東京三大煮込み」は、居酒屋ファンの間では常識になっている。北千住「大はし」は肉豆腐と牛煮込み（各320円）が名物。プリプリと柔らかい牛スジとフワフワの豆腐が一度食べたら忘れられない味。森下「山利喜」は牛のショウチョウとギアラ（第4胃）だけの煮込み（580円）。注文を受けると素焼きの皿で焼き、グツグツ沸騰した状態で出される。月島「岸田屋」の煮込み（500円）は、甘い味付けでトロトロに煮込まれたモツと、シャキッとしたネギが評判。

　といっても煮込みは特別な料理ではない。うまい煮込みは身近なところにもあるはず。それを見つけるのは呑兵衛の嗅覚しだいなのだ。

煮込みのいろいろ

正ちゃん（浅草）

名物「牛煮込み」(500円)は高めの値段設定だが、他店の2倍の量はあって食べごたえあり

煮込みや まる（荻窪）

味噌仕立ての「牛スジ煮」(500円)は煮玉子入り。ガーリックトーストとも合うこってりした味わい

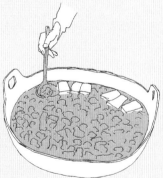

カウンターの内側の大鍋でコトコト煮込まれている様子は、いかにも居酒屋的な風景だ

戎（西荻窪）

さっぱりした味わいの「煮込み豆腐」(250円)はビール、焼酎などなんでも合う

イラストとクイズで学ぶ
肉&ホルモン・部位カタログ ～牛編～

● 初級編／3問正解で初級合格!

①塩焼きがうまい部位で、最近市場価格が高騰しているのは？
②内臓のなかでも大切な部位。コリコリした食感なのは？
③ネットリした濃厚な味わいで中華料理にもよく使われるのは？
④横隔膜はこの別名で呼ばれる。肉のような味がするのは？
⑤雌牛の部位。軽くボイルするとコリコリした食感なのは？

● 中級編／3問正解で中級合格!

⑥弾力のある嚙み心地の第一胃。「上○○」もあるのは？
⑦右ページのイラストAは何？
⑧右ページのイラストBは何？
⑨頬肉だが呼び名は違うのは何？
⑩昔デパートにあったような名前。赤身肉に近い味わいの部位は？

● 上級編／3問正解で上級合格!

⑪フワフワした食感で串焼きや煮込みに入っていることもあるのは？
⑫右ページのイラストCは何？
⑬武器の名前にちなんで命名した部位は？
⑭炒め物が人気。スーパーでもお馴染みな部位は？
⑮右ページのイラストDは何？

答え：①タン②ハツ③レバー④ハラミ⑤コブクロ⑥ミノ⑦ハチノス⑧センマイ⑨カシラ
⑩ショクドウ⑪フワ⑫シマチョウ⑬テッポウ⑭ショウチョウ（マルチョウ）⑮ギアラ

牛カタログ

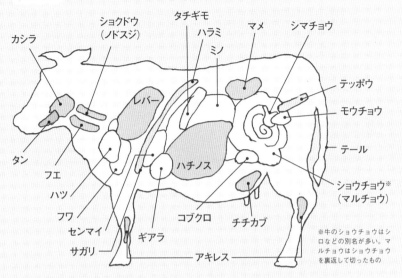

※牛のショウチョウはシロなどの別名が多い。マルチョウはショウチョウを裏返して切ったもの

この部位は何?

A ヒント:
煮込みなどにも使われる第二胃

B ヒント:
軽くボイルして味噌ダレでうまい第三胃

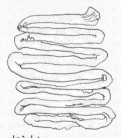

C ヒント:
この部位だけの煮込みも多い。大腸

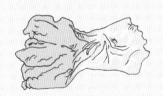

D ヒント:
第四胃。やわらかでジューシー、濃厚な味

※〈参考: 日本畜産副産物協会のHP http://www.jlba.or.jp/〉

イラストとクイズで学ぶ
肉&ホルモン・部位カタログ〜豚&鶏編〜

● 豚編／5問正解で合格!

①赤味と脂肪が層になっている部位。野菜に巻くこともあるのは？
②牛と区別するために「豚○○」と呼ばれることもあるのは？
③首から上の部位で歯ごたえがある人気の部位といえば？
④煮込みに入れたり、軽く茹でて酢で食べてもうまいのは？
⑤柔らかく淡白な味わい、若い雌豚の子宮の別名は？
⑥心臓に続く部位で、内臓とは思えない食感なのは？
⑦スーパーでもお馴染みの煮込みによく使われている部位は？
⑧腎臓はソラ○○に似ていることからなんと呼ばれる？

答え：①バラ肉②タン③カシラ④ガツ⑤コブクロ⑥ハラミ⑦ダイチョウ（シロ）⑧マメ

● 鶏編／5問正解で合格!

①脂肪が少なくあっさりした味の人気の肉といえば？
②肉は少ないが唐揚げにするとうまいのは？
③コリコリした食感が特徴。鶏にしかないのは？
④筋肉が発達しているので弾力のある食感なのは？
⑤首の部位が使われることが多くパリッとした食感になるのは？
⑥三角形をしていてヤゲンとも言われるのは？
⑦よく動かすので身が締まっている部位といえば？
⑧1羽からわずかしか取れない希少部位で脂がノッているのは？

答え：①ムネ肉②手羽先③砂肝④ハツ⑤皮⑥ムネナンコツ⑦セセリ⑧ボンジリ

豚&鶏カタログ

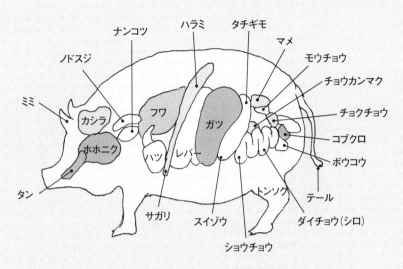

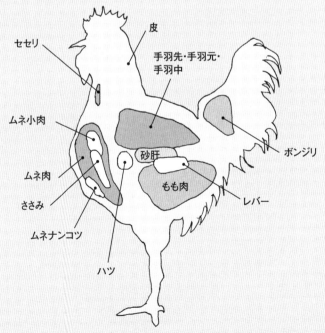

ところで"お通し"って何?

● 勝手に出てきて価格が不明瞭

居酒屋で酒を頼むと、何も頼んでいなくても出てくる小皿や小鉢の一品料理を"お通し""突出し"と呼んでいるが、これを説明するのは少しヤッカイ。酒場ならではの昔ながらのルールがあるからだ。

まず有料の場合と無料の場合とがある。有料の場合、いわば席料代わりのようなものと思えばよい。一般に酒場ではレシートも出ないことが多いが、料金はだいたい300〜500円以内のことが多い（店によっては水と氷代を兼ねていて1,000円くらいのこともある）。そうかと思うと、お通しを出さない店もあるし、出しても無料サービスの場合がある。店によってお通しに対する考え方は千差万別なのだ。ちなみに立ち飲みではお通しは出ないので、早く何か頼むこと。

● ひと手間かけたお通しを出す店も

お通しとして出されるものは、一般に枝豆、冷奴、白菜漬けなど、ごく簡単なもの。箸休めにもなるようなものが多い。店によっては、ひと手間かけた小鉢が出てくることもあり、料理に対するこだわりを知るきっかけになったりもする。たとえば5章のレシピで協力していただいた恵比寿〈さいき〉では3品のお通しが出る。日替わりだが、マグロ刺身と鴨ロース、鶏団子のスープといった感じだ。仙台〈源氏〉では酒を1杯頼むごとに何か気の利いた一品料理がついてくる。追加で頼める料理もあって、次は何を頼むか思いをめぐらさざるを得ない。

お通しはたいていは好き嫌いの少ないようなものだが、たまにがっかりすることがあるのも確か。そんなときは、長居は無用という判断基準にもなるというわけだ。そう、うまければ儲けものである。

よくある3大お通し

枝豆
最初の一杯がビールであれば最適だが、店によって風味に差がある

冷奴
豆腐好きな人には安心してつまみにできる。とくに日本酒によし

白菜漬け
自家製だとうれしい。キュウリ、ニンジンなどがついているとなおよし

意外なお通し

JR恵比寿駅から徒歩2分、昔ながらの佇まいを残す〈さいき〉の店構え

恵比寿〈さいき〉3品セット

〈さいき〉のお通しは日替わりの3品セット(1,300円)が出る。上から、カツオ刺身、冬瓜と鴨つくねのスープ、合鴨のロースと「お通し」のレベルを越えたもの

スピードメニューは漬け物に注目!

● 代表的なスピードメニュー

1章の22ページ「居酒屋での正しい注文の仕方」で、入店したら飲み物と「すぐに出てくるもの」を頼もうと書いた。酒場での時間を無駄なく過ごすための工夫である。とにかく何でもいいから腹に入れたいというときに失敗はしたくない。注文してから煮たり焼いたりしていたのでは時間がかかる。そこでスピードメニューとしての第一の条件は、切って出すだけ、あるいはつくりおきした簡単なものだ。キャベツ浅漬け、ミソキュウリ、冷やしトマトなどの野菜系。ポテトサラダ、野菜の煮物など冷めてもうまいもの系。ほかにガツ刺、砂肝ネギ和えといったモツ系もある。そして大鍋軍団の煮込み、肉豆腐など肉系。セルフスタイルの店では、客が冷蔵ケースから好きなものを出せるので有利。刺身系が充実していることもある。

● スピードがありスローでもあるお新香

そのなかでも注目したいのは漬け物。なぜなら、注文して出てくるまでが早いうえに長持ちするからだ。その意味でこれほど酒場に相応しいつまみがあるだろうか。地方色も豊かで、いぶりがっこ（山形）、かぶら漬け（京都）、奈良漬（奈良）など、酒に持ってこいのつまみ揃いだ。日本酒でも焼酎でも合うし、箸休めとしてもいい。

自家製のものにもうまいものがある。店主がラッキョウを漬けていると聞くと、どれどれ出来はいかがと瓶を覗いたり。またおばあちゃんが長年使い込んだ糠漬けだと、その苦労話が酒の味わいを深くする。

お新香は酒場的に言えば、スピードメニューでありスローフード。コストパフォーマンスに優れた酒飲みのシブい味方である。

酒場的・漬け物のいろいろ

POINT: 苦労話

糠漬け
自家製が大きなポイント。大根、キュウリ、ニンジンと、種類が多いほどうれしい

野沢菜漬け
シャキシャキした歯ごたえと野趣あふれる風味がこたえられない

茄子辛子漬け
小茄子のコリコリ感と鼻にツーンとくる辛子の風味が酒を楽しくさせてくれる

奈良漬け
意外に味が濃いので、少しずつ味わうしかないのが逆にいい

POINT: 自家製

らっきょう漬け
らっきょう漬けは自家製であってほしい。バリバリした歯ごたえを楽しもう

いぶりがっこ
秋田の名産。いぶされた風味が日本酒にも焼酎にも合う

かぶら漬け
赤味のある見た目がよろしい。上品な酸味のある蕪は日本酒にピッタリ

ニシン漬け
北海道、東北の家庭料理。ニシンと野菜を米麹漬けにしたもの

幅広い人気の家庭料理とB級グルメ

● 疲れを癒してくれる家庭料理

　モツ焼きなどの店は臭いが付きそうでイヤだ。少々入りにくいという人には、誰でも馴染みやすい食べ物のある店へ。たとえば昭和の食卓をにぎわした玉子焼き、肉じゃが、冷奴、おひたしといった家庭料理の数々。もっと手の込んだ割烹並みの創作つまみもあって和ませてくれる。またカウンターの横幅いっぱいに、郷土料理をはじめ野菜の煮物、魚の煮付けなどを盛った大皿を並べている店もある。

　カウンターに座ると目の前においしそうなものがズラリ。どれ、立ち上がって品定めするとしよう。好きなものを指さすと、店の人がひとりぶんを取り分けて出してくれる。手づくりならではの温かみがうれしい。路地裏にある小ぶりな店で、割烹着姿の女将がひとりでやっているような店だと、なおいい。酒はおすすめの日本酒を頼もう。

● 昔懐かしいB級グルメ

　居酒屋料理は昔懐かしい郷愁に誘うものでもある。そこで呑兵衛は、下町のB級グルメにも手を伸ばす。煮込みなどと違って、かつて食卓やおやつで馴染んだ味だ。たとえばハムカツ。同じハムカツでも分厚いのを出す店もあれば、薄いのを出す店もある。ほかにもコロッケ、レバーフライ、アジフライ、赤ウインナー炒めといった、昭和の香り漂う定番を好む呑兵衛は多い。店は立ち飲みか安酒場が似合う。サラリーマンの2人連れが仕事の話を小声でしているのが耳に届いたりするといかにもだ。合わせる酒はビール、サワー類しかないだろう。

　家庭料理もB級グルメも素人料理が発展したレベルかもしれないが、酒場ならではの味わいがある。だから呑兵衛はそこに通うのだ。

カウンターを彩る大皿料理

家庭料理的なものが中心で、その日の仕入れで日替わりになる。魚介、野菜、肉などバラエティ感があると楽しい

POINT
バラエティ感

家庭料理とB級グルメ

肉じゃが
ごろんとした芋の存在感があるとうれしい

おひたし
ホウレンソウが多いが小松菜、菜の花などもある

鶏唐揚げ
パリッとした食感とジューシーさがビールにはもってこい

ハムカツ
分厚いものや薄いもの、薄いハムを重ねたものなどもある

レバーフライ
東京・月島発祥の、子どものおやつ兼おかずはソースがよく合う

赤ウインナー炒め
男はいくつになっても、なぜかコレが好きである

"本日のおすすめ"に注目すべきワケ

● 定番にはない味を楽しめる

定番メニュー以外に"本日のおすすめ"が楽しみの店もある。文字どおり、その時々に仕入れた鮮魚、野菜など良質な食材が使われる。そのため定番メニューとは別に掲示されることが多い。店頭やカウンター付近の黒板、ホワイトボードに注目しよう。赤丸印や"本日のおすすめ"の文字で目に止まりやすくしているはずだ。

おすすめとして出されるのは、おもに魚介類、野菜などの季節メニュー。新サンマや鍋物などが出るころになると、なくなったものから×印がされる。また新作メニューを手頃な価格設定で味わえることもある。定番にはない味を楽しめる機会でもあるので見逃す手はない。

● 数少ないものを口にするには

おすすめメニューに注目すべきポイントとして、もうひとつ理由がある。新鮮なものを出そうと毎朝市場に仕入れに行っている店主なら、当日行ってみないとわからないものがある。だから、そんな店のおすすめメニューは毎日変わるはずなのだ。うまいものを出す店かどうかは、ここでわかる。

またとくに魚の刺身の味は、その店主が卸市場でどれだけ顔が効くかどうかにかかっている。仲卸のほうもものがわかっている買い手にこそいいものを売るものだ。元魚屋、元寿司屋の店主が営む居酒屋だったりすると間違いは少ない。

ただし、新鮮なものほどたいていは数量が限られているので早いもの勝ちになるのが普通だ。そのため来店機会の多い常連の口に入りがちでもある。よって、ここだと思ったら頻繁に通うしかない。

黒板メニューに注目!

POINT
前日との違い

○月10日 ──────→ ○月11日

鮮魚は毎日変わることも少なくないので必ずチェック。すべてのメニューを読んで、その店の傾向を知ろう

信用の証

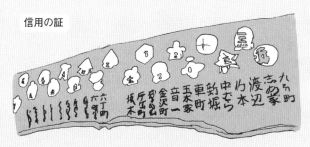

老舗酒場で見られる祝い額は、開業時などに仲卸や工事関係者から贈られるもの。その店の長い付き合いと信用を物語るものだ（図は恵比寿〈さいき〉のもの）

取引のある酒蔵元から贈られた時代を帯びた扁額は一見の価値あり（図は秋葉原〈赤津加〉のもの）

095

魚介類のおいしい食べ方

● 焼き魚の正しい食べ方

　焼き魚の食べ方をマナーにのっとってやろうとすると、かなり面倒だ。酒場では役立たないかもしれないが、京都府水産事務所のサイトで紹介されている食べ方を見てみよう（右ページのイラスト参照）。

　まず背中側の身を頭から尾びれに向かって食べはじめる。次に腹側の身も尾びれに向かって食べすすめる。反対側の身を食べるときに注意。魚をひっくり返すのはよろしくない。表側の身を食べ終わったところで中骨の下に箸を入れ、尾びれ側にずらしながら骨を取り外しやすくする。取れたら皿の奥に置いておき、図のように食べ進める。"塩焼きは冷めると身がはずしにくくなるので、できるだけ温かいうちに"というのがポイントだ。ただし、この通りにやらなくてもきれいに食べることはできる。話のタネに参考にしておこう。

● 魚介類は豪快にカブリつくのが醍醐味

　酒場でははっきり言って、このような堅苦しいマナーは必要ない。丸干しは頭から骨も丸ごと、秋刀魚は内臓も残さず食べることだ。食べ方がきれいだと周りの見る目が違う。最後に残った"鯛の鯛"（胸びれ辺りの骨で鯛に似ている）を自慢できるかもしれない。そもそも酒場では魚の食べ方が汚い客をあまり見かけない。そう、魚の身を残すくらいなら食べないほうがマシなのである。

　ほかにもおいしく食べるための流儀はある。たとえばイワナやアユなど川魚の串焼きは、串の両端を両手で持ってカブリつきたい。また車エビの踊り食いは頭をのけ反らせて喉に滑らせたい。酒場では、そんな豪快なやり方こそが最良の方法に違いない。

魚の塩焼きを食べる手順

POINT 温かいうちに

背中側と腹側の身の境界辺りに、頭から尾びれまで箸を入れ、頭のすぐ後ろの背中側から食べ進める

腹側の身も頭側から尾びれに向かって食べていく。骨は箸で取り除いて、皿の端にまとめておく

表側の身を食べたら中骨の下に箸を入れ、尾びれ側にズラすようにして骨を取り外す

取り外した骨は、皿の奥に置いておく

背びれの根本に箸を入れ、その付け根の骨を取り除く

腹びれの根本に箸を入れ、その根元の骨を取り除く

骨が取れたら背中側と腹側に分け、それぞれを食べる。胸びれが残っているので注意

食べ終わったら、骨は皿の中央に集めておく

※（参考：京都府水産事務所のHP http://www.pref.kyoto.jp/suiji/）

干物はエスカレートするつまみ

● うまい干物は居酒屋の売りになる

　呑兵衛にとって干物が食べたくなるのは、おそらく日本酒が飲みたいときだ。干物はアジ、サンマ、エボダイ、ノドグロ……そしてイカ一夜干しもある。昼間居酒屋の前を通ってイカを干していたりすると、その出来具合を確かめに来たくなる。

　イワシの丸干しは頭から齧るのが醍醐味。開きは焼けた魚に箸を入れると、いい干物は新鮮ささえ感じさせる。そう、いい干物は漁港に揚がったばかりの活きのよい魚を使うのが一番。静岡、千葉などから送られてきた、うまい干物を出す居酒屋はそれが売りになる。

　酒は断然日本酒と言えよう。口中で脂のノッた魚の身がほぐれたら、その旨味を淡麗な辛口で流したい。

● クサヤを知ってこそ呑兵衛

　酒場は干物との出会いの場。年齢とともに新しい出会いがある。最初は学生時代のコンパ、安くて大きいのが取り柄のホッケだろう。就職して社会人1年生になって先輩に連れて行かれた酒場でアジの開きを経験。そして10年もすると高級なノドグロなどを知るようになる。価格帯から見て㊷→㊧とエスカレートしている。

　いよいよ15年も経ち酒の味がわかるようになったら、いざクサヤにチャレンジするのが最終段階。居酒屋でクサヤを注文したら、どのようになるのかを知ることが大事。焼くときの独特の臭いは好きな人にとってはたまらないが、そうでない人も多い。細かくちぎって口に入れると鼻に抜けるクセのある味わいがわからなければ呑兵衛とは言えないだろう。酒は本格焼酎の強いやつがおすすめだ。

酒飲みにとっての干物の酒場的進化

学生時代

STEP1　ホッケ

大手チェーン居酒屋で出される大ぶりのホッケは食べでがあるが、これが食べられるのは20代までだろう

社会人1年生

STEP2　アジの開き

酒の味がわかるようになるとともにアジの開きやイワシの丸干しもおいしく食べられるようになる。なぜか…

社会人10年め

STEP3　ノドグロ

酒に使えるお金が増え、贅沢をしてみたくなる時期。たまにノドグロなどを食してみるのが常

社会人15年め

STEP4　クサヤ

ステップ3で終える普通の酒飲みが多いなか、チャレンジングな呑兵衛といえる。クサヤは一度試すべし！

POINT
独特の風味

知っておきたい呼び方のルール

● 呼び方の違いは現場で経験しよう

　酒好きにとって嬉しいのは旅の機会。行ったことのない憧れの土地の未知の味は、やっぱり現地で味わうのが一番だ。たとえば北海道なら普段食べることのできないホッケ、ニシンの刺身が堪能できる。鮮度の問題からその土地でしか味わえないものはそこに行くしかない。ただし、酒場で注文するときに忘れてはいけないことがある。まずつまみの呼び方の違いだ。たとえばシメサバと京都、大阪の「きずし」。筑前煮と福岡の「がめ煮」など。昨今は通じなくはないが、せっかくだから現地で使ってみるためにも知っておきたい。もっとややこしいのが魚介類でイカナゴとコウナゴ、トビウオとアゴ（いずれも同じもの）など、枚挙にいとまがないくらいの違いがある。これは現場でその都度経験するしかないだろう。

● 魚の呼び名はヤヤコシイ

　魚の名前で混乱しやすいのが、シラスとシロウオとシラウオの違い。スラスラと違いを言えたらエライと尊敬されるかも。見た目が近いものにマアナゴの稚魚ノレソレというややこしいヤツもいる。

　出世魚といえばワカシ→イナダ→ワラサと名を変えるブリが有名だが、これが関西ではツバス→ハマチ→メジロ→ブリとなる。ほかの地方ではさらに複雑である。また寿司ネタとしても知られる酢〆にするとうまいコハダは成長に応じて4〜5cmまでのシンコから、コハダ、ナカズミ、そして15cm以上のコノシロに至るまで2、3cmおきに名を変えるのだ。普通の酒飲みが覚えても仕方ないことだが、知っておいても損はない。得することもないかもしれないが。

違いを覚えておこう!

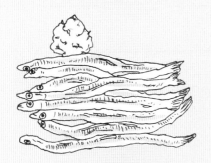

シラウオ

刺身、かき揚げ、卵とじでお馴染み。鮨ダネにもなる。ハゼ科のシロウオと違い通年で食される。クセがないのに旨味が楽しめる

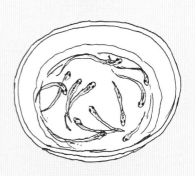

シロウオ

踊り食いがよく知られる。春から夏にかけてが旬だが、鮮度が落ちるのが早い。かき揚げ、卵とじにも用いられる

シラス

シラス、チリメンはカタクチイワシなどの稚魚を原料とするもの。シラウオ、シロウオとよく混同される。年中出回っている

POINT
混同しやすいので注意!

ノレソレ

マアナゴの稚魚で、冬から初夏にかけてが旬。居酒屋で出されることもある。生を生姜醬油、ポン酢などで食す

鰻と泥鰌は"お任せ"で

● 飲み屋横丁の鰻屋へ

鰻屋というと高いイメージがあって入りにくいが、飲み屋横丁にもカウンターだけの鰻を扱う店もある。エイヤっと根性を決めて入ろう。メニューは蒲焼もあるがほとんどが串焼きだ。ただし、くりから、短冊などという食べ方のほか、部位の名称がえり、ひれなどとわかりにくいのが難点。セットで注文できるので任せてしまうのが早い。

有名なのは新宿・思い出横丁〈カブト〉、中野〈川二郎〉など。店主は一見ガンコ親父風なので好き嫌いはあるかも。注文の仕方などに不安になるかもしれないが、こういう店に慣れている客も多くはないので臆することはない。愛想はないかもしれないが教えてくれるはず。

● 江戸の風情を感じる泥鰌屋へ

赤ちょうちんなどに"どぜう"と書いてあるのは、江戸のころ四文字になるのを嫌ったからだとか。柳川鍋などは居酒屋にもあるので気軽に食べることができる。注文すると、泥鰌は「丸」か「開き」かどちらかを選ばされる。丸は元の姿のまま、開きは腹を裂いた状態。好き好きだが、泥鰌本来の味は丸のほうがいいといわれる。

浅草には〈駒形どぜう〉〈飯田屋〉という有名な泥鰌屋がある。とくに駒形は昔ながらの営業形態を守っているので一度は訪れてみよう。道場のような広い入れ込みに鍋をしつらえた席がいくつも用意されている。鍋を注文すると店員さんがセットしてくれるので、あとは煮えるのを待つだけ。煮えたなと思ったら、無料のネギは遠慮せずにドカッと山盛りにして食す。しばし江戸情緒に触れることができる。

鰻と泥鰌のスタンダード

うなぎ串焼

新宿・思い出横丁〈カブト〉のうなぎ串焼き。いろいろな部位が入る"ひと通り"の5種7本をおすすめされるので、そのつもりで行こう（1,500〜1,600円くらい）

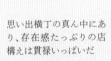

思い出横丁の真ん中にあり、存在感たっぷりの店構えは貫禄いっぱいだ

どぜう鍋

浅草〈駒形〉のどぜう鍋。ここでは、どじょうじゃなくて、どぜうと呼びたい。ネギとゴボウはたっぷり盛るのが通例である

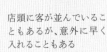

店頭に客が並んでいることもあるが、意外に早く入れることもある

貝、エビ、イカ・タコ図鑑

● これだけ覚えておけばOK

貝、エビ、イカ・タコ……旬があって生でも焼いてもうまい酒の肴だ。しかし切り身だったりするので丸ごとを目にすることが少ない。見た目も同じようで違っていたり、それでいて食べると確かに違いがわかる。同じものを頼もうとしても忘れやすいのだ。そこで、居酒屋でよく目にするものと、ちょっと珍しくて覚えておきたい代表的なものをまとめてみた。これだけでも飲み友に一目置かれるはずだ。

貝類

ハマグリ

春先の焼きハマグリはたまらない

アサリ

やっぱり酒蒸しですな

赤貝

刺身しかありませんな

タイラギ

大ぶりの貝柱の刺身といったら…

バイ貝

煮付けは居酒屋でおなじみの味

ツブ貝

大きいものは刺身で

ナガラミ
磯の味を堪能できる

剝き方
楊枝を刺し、貝殻のほうを回すようにして取り出す

カメノテ
エビのような味はフシギな感じ

POINT
あったら喰うべし

フジツボ
カニのような味わいは珍味

エビ類

アマエビ
新鮮なものはプリプリ

シバエビ
天ぷらによし。安い居酒屋では珍しい

オニエビ
生がうまい。とくに味噌は格別

イカ・タコ類

シロイカ（ケンサキイカ）
居酒屋ではシロイカと呼ぶことが多い

スルメイカ
煮ても焼いても生でもうまい

イイダコ
煮付け、おでんによし

東西おでん図鑑

● おでん屋は年中利用できる店

　おでん屋に冬場しか行かないとすればもったいない。酒場のなかでは落ち着いた雰囲気のする"大人の酒場"といった趣を感じる店だ。おでんのタネ（具材）の全景がよく見える槽前（ふね）が"特等席"なので、運よく空いていたらここに陣取ろう。注文は好きなものを店員さんに伝えれば、よく煮えたものを選んで出してくれる。

　おでんはいろいろなタネから浸みだした味が、互いの素材に浸み込んで味わいを増す。出汁をよく吸った大根のホクホクした食感、チクワやゴボウ天など練り物のモチモチした歯ごたえ……。知らないタネは店員さんに聞けばいい。また、おでん屋だからおでんしかないだろうと思ったらマチガイ。刺身や焼き鳥、手の込んだ料理を出す小料理屋風の店も少なくない。年間通して利用価値のある酒場なのだ。

● 地方色豊かなおでんも楽しみたい

　おでんはかつて、駄菓子屋などにあり子どものおやつ感覚で食べられていた。気取らずつまむのが醍醐味だ。おでんダネの生産販売をする東京・赤羽〈丸健水産〉では、手づくりの練り物を使ったおでんが人気。店頭のおでんを囲んでワイワイと飲み食いする男女の姿が絶えない。商店街で午前中から営業している昼飲みスポットとしても有名。

　また、おでんは地方の店に入って見つけたら必ず試すべきつまみのひとつだ。まず地方によって出汁の取り方が違う点に注目。昆布とカツオを使うのが一般的だが、東日本では魚介類、九州では鶏ガラから出汁を取ることもある。タネも地元でしか出さないものなど、さまざまあって変化を楽しめる。酒好きの土産話としても持って来いだ。

地方色豊かなタネのいろいろ

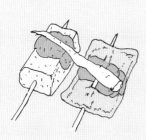

青森

すりおろした生姜と味噌のタレが特徴。こんにゃく、ネマガリタケ、大角天(薩摩揚げ)などを串に刺して供される

関東

小麦粉の練り物、ちくわぶ。魚のすり身を固めたはんぺんというシンプルなものは関東ならでは

静岡

濃厚な黒いスープの静岡おでんは黒はんぺん、牛スジが有名。イワシの削り節やカツオブシ、青海苔などを掛ける

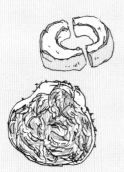

金沢

カニ面は香箱ガニの身、内子外子、ミソを甲羅に詰めた贅沢品。また出汁をたっぷり吸った車麩など変わったタネが多い

名古屋

八丁味噌の出汁に煮込まれた、香り高いおでんは甘辛い味わい。大根や豆腐は中まで真っ黒

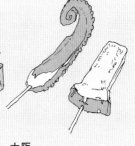

大阪

薄味で出汁を効かせる関西風おでん。クジラの皮(コロ)やタコのほかにも牛スジなど酒飲みにたまらないタネがある

意外性がある酒場の豆腐

● 酒場の豆腐はどこかチガウ

　豆腐は冷奴によし湯豆腐によし。滑らかな口ざわりとともに、いい豆腐は大豆本来の味わいが口中で広がってスルリと喉を通る。あまり注目されることはないが、ないと困るつまみのひとつ。酒好きには愛着があるに違いない。安くてすぐに出てくるのも好ましい限りだ。

　酒場では同じ冷奴でも薬味に特徴が表れる。ネギ、ミョウガ、オオバ、ショウガ、カツオブシ辺りが一般的。酒はやはり日本酒。純米酒か本醸造酒のスッキリ系がいい。湯豆腐は自宅でも簡単にできるが、酒場ではつけダレにヒミツがあるのかどこかチガウ。何と言っても豆腐の白い肌は見ているだけで清々しい。

● 酒場らしいユニークな冷奴、湯豆腐

　冷奴が薬味をトッピングしただけのものだと思っていたら大マチガイ。酒場ではアッと驚く冷奴の変種に出会うことができる。そのひとつが「たぬき豆腐」。豆腐の周りには甘辛の出汁を張り、トッピングには鮮やかなカニカマが光る。脇にはキュウリとワカメ、そして全体に天かすを振りかけてくれる。天かすが水分を吸ってグズグズになったところで豆腐をくずして食べ進むと普通の冷奴とは別物だとわかる。

　もうひとつがさらに強力な「バクダン豆腐」で、具材は納豆、オクラ、長芋、卵とネバネバ軍団が脇を固める（店によって違う）。これも全体をかき混ぜるようにして食べるとうまい。栄養も満点である。

　横須賀の湯豆腐はユニークだ。出汁で温めた豆腐が丸ごと1丁、上に辛子が塗られ、カツオブシと刻みネギを載せて出てくる。出汁がほんのりと香り、豆腐とよく合う。ぜひ自宅でもマネしてみよう。

たぬきとバクダン

たぬき豆腐

カニカマの赤と豆腐の白が目に鮮やか。天かすを散らした上から出汁醤油を掛け、ワサビを溶いて食す。薄切りキュウリ、ワカメともよく合う

POINT
薬味

スタンダードな冷奴

うまい豆腐を出す酒場を見つけたら大切にすべし。ただし絹ごし豆腐か？ 木綿豆腐か？ 問題については、いまだに結論がでていない

バクダン豆腐
（千住の永見）

出汁醤油にザク切りの豆腐。トッピングにはネギ、ショウガ、ゴマ、シラス、ザーサイ。バクダン豆腐のレシピはほかにもいろいろ

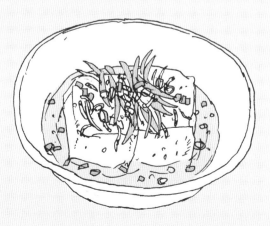

串カツの軽めの流儀

● お通しの無料キャベツがうれしい

　串カツを食べようと思ったら、ほかでもない串カツ屋に行かねばならない。串カツのメニューはバラエティに富んでいる。牛、豚、鶏などの肉類、エビ、ホタテなどの魚介類、玉ネギ、レンコンなどの野菜類、大阪名物の紅ショウガなどがあり仕入れがたいへんそうだ。注文はバラでもセットでもOK。カウンターに座り好みのものを注文したら、飲み物はまずはビール。揚がるまでのお供は、うれしい無料の生キャベツというのがお決まりだ。

　客の前には油切り用のトレイが出され、その上に揚がった串を出してくれるスタイル。揚がったものは冷めないうちに食べよう。味付けは塩でもソースでもお好みで。ただし、ソースの二度づけ禁止やで。

● 呑兵衛にも優しいサク飲みもできる

　串カツのいい店はガンガン揚げていても油臭くないものだ。そして軽く上がった串は何でもサクサク味わえる。口の中で素材の味がジュワッと広がり、アチチッと火傷しそうになるところを冷たいビールで流すと、何本でも食べられそうな気になる。ふらっと寄って好きな具を見繕っていくらか食べて、ちゃちゃっと帰るのが串カツの正しい食べ方だろう。安く上げることができるので呑兵衛にも優しい。

　串カツが同じ串ものの焼き鳥などと違うのは、煙が出ないところだ。だから、どこか清潔なイメージさえ受ける。そして、いくらか料理らしいものを食している気になる。女性を連れて来るのにも向いているだろう。焼きとん、モツ焼きというよりもイメージがいいのは確かだと思うがいかがなものだろう。

串カツスタイル

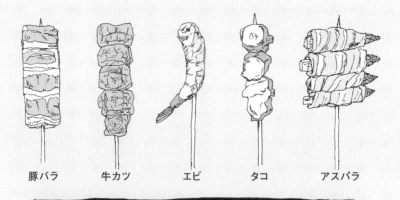

豚バラ　牛カツ　エビ　タコ　アスパラ

おもなメニュー
- ししとう 100円
- なす 100円
- おくら 100円
- 玉ネギ 100円
- 豚バラ 200円
- タコ 200円
- いわし 200円
- げそ 200円
- キス 200円
- ベーコン巻 300円
- 貝柱 300円
- 鶏肉 300円
- カニ爪 300円
- エビ 350円

串入れ
食べた串は串入れに入れておくことで手元がすっきりしていい

キャベツ
串カツ屋ならではの、うれしい新鮮なキャベツの無料サービス。注文品が届くまでの口直しにピッタリだ

ソース
串カツはたっぷりソースに漬けるのがポイント。二度漬けすると、とんでもないことが起きるかもしれないので注意

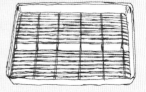

トレイ
揚がったばかりの串カツの油切りの役目もする。この臨場感が味わいである

一度知ったら忘れられない珍味の魅力

● 酒に合わせることで味わいを増す

　酒のお供にチビチビと舐めるように味わう珍味は、まさに酒好きのために発明されたのではないかと思われる。魚介類の内臓を塩漬けして保存できるようにしたものが中心で、普通の居酒屋にも何種類かは置いているが、小皿で出てきてそこそこの値段は取られる。一般的なものでは、かつお酒盗、かにみそ、イカ塩辛などだ。

　日本三大珍味といえば、ウニ、コノワタ（ナマコの内臓の塩辛）、カラスミ（ボラの卵巣の塩漬け）のこと。このほかにもホヤ、アンコウの肝、クサヤといった海系、中部地方ではイナゴ、はちの子、ざざむしといった虫系など。塩漬けして発酵させた、へしこ（サバの糠漬け）、鮒ずしなど、どれも独特なクセのある風味が好まれ、酒に合わせることで味わいを増す。それゆえ思わず酒が進んでしまうのだ。

● ぜひ経験しておきたい珍味は

　普通の酒場にはない珍味を味わうなら日本酒にうるさい店に行こう。たいていは店主が選び抜いた全国の地酒が自慢で、燗酒がおすすめだったりする。いろいろな珍味を出してくれるが、珍味は少量しか出ないので決して空腹状態で行かないこと。何を頼んでいいかわからない場合は、どんな酒に何が合うかを聴けばいい。何品も頼むものではないが、店主がこれだと思ったものを仕入れているはずなので、ぴったりの珍味を喜んで教えてくれるはずだ。

　味や香りにインパクトが強いものが多いので、一度でも経験しておけば記憶に残るはず。あえて必須３品を挙げておくなら苦手な人が多いというホヤ塩辛、クサヤ、イナゴの佃煮。ぜひ経験しておこう。

珍味は酒飲みのために…

塩辛の部

珍度 ★
イカ塩辛
珍味というほどではないが、イカスミを入れた黒づくりというものもある

珍度 ★
ホヤ塩辛
ホヤは生でもイケるが塩辛もいい。コノワタと和えると「莫久来」(ばくらい)と珍度アップ

珍度 ★★
コノワタ
ナマコのワタだからコノワタ。ウニ、カラスミと合わせて日本三大珍味

佃煮の部

珍度 ★
イナゴ
長野県では一般的に食される。サクサクしてエビのような食感が楽しめる

珍度 ★
はちの子
炒めたり、炊き込みご飯にも用いられる。淡白な味わいで、プチッとした食感

珍度 ★★
ざざむし
ざざむしは川に生息するヘビトンボの幼虫。海苔の佃煮のようなほろ苦い味わい

～中華料理屋で飲む～
もやし炒めとビールとボブ・ディラン

　新宿西口の思い出横丁には30年くらい来ている。ここにはモツ焼き、焼き鳥、鰻、立ち食い蕎麦など、なんでもある。戦後すぐにできた闇市がルーツ。だから上品な店はない。ほとんど路上で飲み喰いするようなものなのだ。中華料理の「岐阜屋」は朝9時からやっている、酒飲みにも愛されている店だ。食べ物ならなんでもあるから満腹にもなる。とくに木耳と玉子炒めは人気だ。今日はもやし炒め（420円）を注文。木耳とニラも入っていてお得だ。もやしはシャキシャキ。コリコリした木耳も堪らない。それをビール（大瓶570円）でグビグビと流す。中華料理は酒が進む。日本酒もあるが紹興酒（340円）もいい。一緒に餃子（400円）も頼もう。カウンターの反対側で、おじさん3人組みが酒を片手に楽しそうに会話しているのを見るともなく見る。この店では客が炒飯を食い逃げしたと思ったら、30分後にお金を持って戻ってきたなどというエピソードに事欠かない。また真っ黒焦げの餃子でもとりあえず客に出してみるという。客も客なら店員も店員だ。味は悪いかというと、そうでもない。どういうわけか、時々来たくなる魅力があるのだ。ボブ・ディランやシンディー・ローパーが来店したというアヤシイ都市伝説まである。お勘定は食べ終わった皿で計算されるまで、目の前に並んだままである。一気に何皿も注文すると大変なことになるので注意。では次に行こう。風に吹かれて……。

第4章

酒場の ほろ酔い講座

伝統的な居酒屋の店構え

● 老舗ならではの落ち着く雰囲気

店先に立つと少し緊張するものの古びた暖簾をくぐってガラリと戸を開け、コの字型カウンターに着く。中には店主か女将、店員さんがいて四方からの注文の声にてきぱき応えている。カウンターに10人余りと4人掛けテーブルが3〜4卓。客の年齢層は高く、1〜2人客が中心。心地よいざわめきが店の賑わいをつくる。うらぶれた建物の昭和レトロな店もいいが、小さな傷ひとつにも歴史を感じさせる重みのある店もいい。これぞまさに日本の居酒屋という感じである。

老舗酒場の居心地のよさは店の造りをなくして語れない。魅力は何といっても落ち着くところだ。雰囲気も味も、よい意味でいつも同じ。時間が止まったような空間のなかで味わう酒は格別。はじめて訪れたなら、昔ながらの造りの天井や建具などにも眼を配ろう。

● 老舗もビルに入る時代

そんな伝統的な居酒屋は都内にまだいくつもある。創業年順に挙げると、安政3年（1856）の根岸〈鍵屋〉、明治38年（1905）の神田淡路町〈みますや〉、昭和29年（1954）の秋葉原〈赤津加〉などはまさに歴史が息づく店。古い建物のままいまも健在で、その一角だけタイムスリップしたような感覚にも陥る。

ただし老舗のなかでも北千住〈大はし〉（明治10年創業）、森下〈山利喜〉（大正14年創業）のように建物が老朽化し、改装したりビルに入る時代だ。昭和レトロを売りにする新しい店に行くくらいなら、いまのうちに創業当時の老舗を目に焼き付けておくべき。明治も大正も昭和も死んではいない。酒飲みはそれを五感で味わうことができる。

歴史を感じさせる店

みますや（神田淡路町）

明治38年（1905）創業。建物は緑青の吹いた銅板仕上げの看板建築。赤ちょうちんに縄のれんが下がる店構えは一見の価値あり。テーブル席と小上がりがありランチ営業も

赤津加（秋葉原）

昭和29年（1954）創業。秋葉原のこの一角だけタイムスリップしたような佇まい。店内に入ると、外の喧騒と完全に遮断された居酒屋世界を味わえる

大はし（北千住）

明治10年（1877）創業だが、平成15年に改装されてきれいになった。看板の「千住で2番」というフレーズが有名（「1番はお客様」だとか）

居心地のいいカウンターとは

● カウンターは店の活気を感じる場

　カウンターの形状としては一般に、コの字、Lの字、直線（長〜い直線も）がある。磨き込まれて角が丸くなった分厚い一枚板。寿司屋のような白木のカウンターもある。節くれを生かした変形のカウンターなどもあって、店の個性と歴史を物語る。たいていの人が思わず撫でさすりたくなってしまうようだ。

　はじめての店でカウンターに座る場合、隅は常連席であることが多いので、できれば真ん中辺りがいい（席を案内されることもあるが）。カウンター内の仕事がうかがえるし、活気を感じることもできる。板さんの見事な腕さばきは素晴らしい肴になるだろう。

● カウンターは客を繋ぎとめてくれる

　カウンターはテーブル席と違って基本的に1、2人客のための場。テーブル席で相席となるといささか寂しい思いをすることもあるが、カウンターにつけばほかの客に気を遣わずに長居もできる。カウンターが慰めを与えてくれて、そこに繋ぎ止めてくれるからだ。

　とくに小さな酒場ではカウンター越しに濃密なやりとりが交わされていることに気づくはずだ。気転の利く客が料理を受け取って新規客のために運んだりすることもある。そんなことは酒場でしかない。カウンターは店と客を仕切るものというより"拠り所"のような存在だ。一度来た客も馴染めば馴染むほど、同じ拠り所に戻る。

　その店をよく知ろうと思ったら、まずカウンターに着くべし。いかに店主の目配りが利いて、客がどう受け止めているかわかる。いい店はカウンターそのものの手入れも行き届いているはずだ。

カウンターのいろいろ

コの字型カウンター

カウンター内を店員が行き来できるようにしたもの。店によって長細かったり席数も違うが、活気が生まれてまさに居酒屋ならでは（秋葉原〈赤津加〉）

L字型カウンター

コの字型カウンターよりも小ぶりな店に見られるタイプ。店との距離が近いので常連に好まれるカウンターでもある

直線カウンター

ほかの客と視線が交わることがないので、ひとり客や一見客に好まれるタイプ。混む店では狭くなることを覚悟

立ち飲み流・ビールケース活用術

● テーブルは3段が使いやすい

ほとんどの立ち飲み屋はビールやホッピーの空きケースを活用して1〜4人用のテーブルを構成している。よく観察するといろいろな工夫があっておもしろい。もっとも一般的なのはケース3〜4段積みの1〜2人用テーブル。高さは4段だと男性の胸の下辺りなのでちょっと高く、3段では腰の辺りで肘をつくには低いが両手を突ける。テーブルトップとして四角い板を用いると、ちょうど具合のいい広さにもなる。酒とちょい飲みのつまみを何品か載せるのには十分。

なお3段あるいは2段にした場合、座り席用のテーブルにも使える。1段はもちろん椅子。椅子は横に繋いで長椅子にすることもできる。もっとも座り心地についてはあまり考慮されていないケースが多いが、その適当さこそ立ち飲み屋らしさだと心得るべし。

● ケーステーブルの強度対策

ケーステーブルには強度のモンダイがあることは確か。そこでケースを2列（あるいは4列）にして積み上げるとグッと安定感を増す。テーブルトップにより広い板を置けるので、ゆとりのあるスペースにもなる。相席にも利用できるので店としても助かろうというもの。

ビールケースでは見た目がイマイチという立ち飲み屋では、ドラム缶、ウイスキー樽、漬け物樽などの廃物利用をする方法もある。これらのテーブルトップは円形ということもあり3〜4人のグループ客に好まれる。非日常的な丸テーブルを囲むと親密感が出るので、女性連れならこのタイプの立ち飲み屋に行くべし。Good Luck!

立ち飲みテーブルのいろいろ

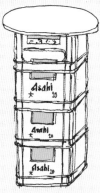

1〜2人用

3段重ねのテーブルにホッピーケースをかぶせて微妙な高さを調整。トップには丸い板、四角い板などを置いて使われる

2〜4人用

ケースを2列にして重ねることで強度を増すことができる。4列にしたり方形に並べる場合もある

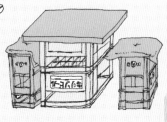

座り席

2段重ねはもちろん座り席用。ケースはそのまま椅子としても利用

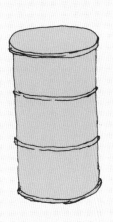

ドラム缶

カジュアルなおしゃれ感を演出するのにも活用。高さもちょうどよい

ウイスキー樽

やや低いので20センチほどかさ上げしていることが多い

漬け物樽

漬け物樽や酒樽を重ねていることもあり、当然日本酒がほしくなる

酒場のマンウォッチング

● 昔ながらの典型的な酒飲みタイプとは

　酒場には老若男女が集まって来る。仕事帰りのサラリーマンもいれば、近所のお爺さんもいる。考えると知らない者同士が顔を突き合わせて酒を飲んでいる酒場とはおもしろい場だ。素性の知れない彼らはいったい何者なのか？　勝手に想像を逞しくするといいヒマつぶしになる。ひとり飲みで手持無沙汰なときは、それとなくマンウォッチングしてみよう。とくにコの字カウンターだとウォッチングしやすい。

　昔からよくいるタイプとしては、黙々と酒を飲みつまみを口に運ぶおじさん。ほとんど余所見もしない。たまにテレビを見るために目を上げてもウツロ。長居をせずにさっさと帰って行く。また、それほど飲まないで話相手を求めているようなおじさんは下手につかまると話が延々と続いてナンギするので注意（遠くにいても目が合ったりする）。近所のオバチャンはビール片手に人の話を聞いてひとりでうなずいている。たまに脇から話に割って入ってきたりもする。

● 店主によくあるタイプ

　酒場を営む人にもさまざまある。女将でいえば元気で陽気、おじさんのアイドル的存在。気取りのない会話が酒より楽しかったりする。もうひとつは大将の陰で裏方に徹するタイプ。じつは大将は頭が上がらなかったりも。当の大将は大きく分けて仕事に集中して無口なタイプと、逆におしゃべりなタイプとがいる。

　ただし、興味を引かれるあまりじ〜っと見ていると怪しいヤツと思われるので注意。もちろん、自分がマンウォッチングされているかもしれないことはお忘れなく。話してみると意外に気が合うことも。

酒場人物カタログ

いつもいる話好きのおじさん（60代半ば）は常連同士はもちろん、一見客にも話しかけてくることがある

ネクタイをピシッと決め、ソフト帽などを被ったおじさん（70代）が煮込みを2枚食べて帰っていくという姿も

写真を撮りたいのはわかるが店によっては撮影禁止というところもあるので注意

先代女将。すでに若女将に任せているが、店が好きで出てくる。古株の常連客のアイドル的存在

郊外の居酒屋ではよくある、子ども連れ。夫婦はその店での出会いがなれそめというのがお決まり

先代大将。二代目も厨房にいるが、なかなか任せられない頑固者。じつはやさしい人柄

酒場の手書き文学

● 読み切れない壁の短冊メニュー

酒場には手書き文字が溢れている。たとえば壁を埋め尽くすほどのメニュー札、短冊。すべてを見るのはムリ……と途中で断念せざるを得ないくらい数の多い店も。まるで文学作品の『失われたときを求めて』か『大菩薩峠』のようなボリューム感に圧倒される思いだ。

しかも、シメサバの隣に玉子焼きがあったりカテゴリー無視。紙が変色していても気にしないし、新しめの紙のメニューは最近入ったんだなとわかる。おまけにどこから読めばいいのかもわからない。常連でも全貌をわかっているか怪しいものだ。結局はおすすめメニューから選ぶことになる。かといって、この過剰な短冊はなくてはならないインテリアの要素を果たしているのも確かだ。

● 最後のメッセージは……

居酒屋のようにメニュー数が多いと、いったん横に置いたメニュー表を取ってチラチラ見ることも多い。活字好きなどは次に何を頼むか思案しつつ、何度でも読み返しが利くメニュー表だと嬉しい。産地、味わいなどが詳しく書いていたりすると読みでがある。頼まないメニューでも名前から想像してみる楽しみも生まれる。

また酒場の壁は店主からのメッセージでも溢れている。「他店で飲酒の方は一杯まで」「酔っ払いの入店はお断り」といった店のルールが中心。手書きの文字は味わいがあるという見方もできなくはない。

そしてある日、街を歩いていてふと気づくと居酒屋の店頭に貼り紙があったりする。そう、最後のメッセージは「閉店します」だ。

読み切れない文字の洪水

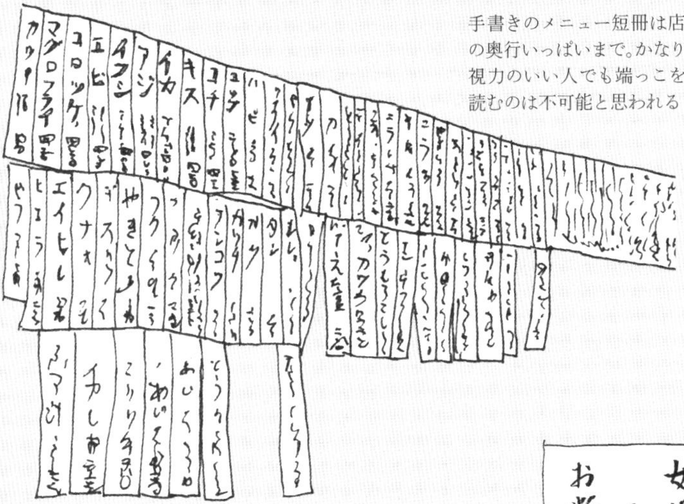

メニュー短冊

手書きのメニュー短冊は店の奥行いっぱいまで。かなり視力のいい人でも端っこを読むのは不可能と思われる

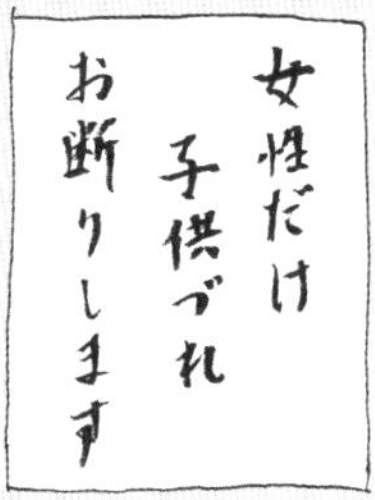

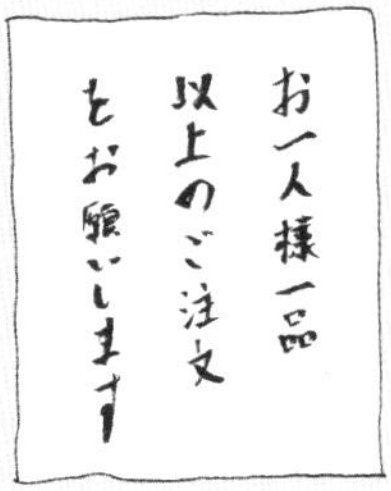

貼り紙

たまに高飛車な貼り紙もあるが、店のルールは守るしかないので、入店時にチェックしよう

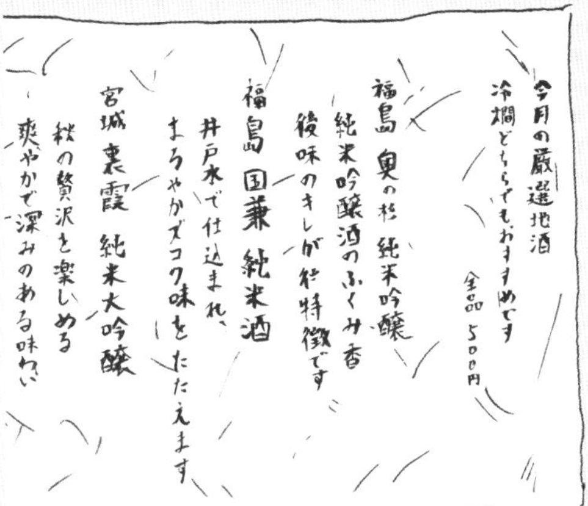

女性だけ
子供づれ
お断りします

お一人様一品
以上のご注文
をお願いします

メニュー表

店主の想いのこもったメニューは何を頼むかが楽しくなるし、何度も読み返したくなる

酒飲み心をくすぐる 赤ちょうちん、暖簾

● 味のある赤ちょうちんは"酒場遺産"?

「今夜は赤ちょうちんにでも行こう」で通じてしまうくらい酒場と切っても切れないのが軒先で揺れる赤ちょうちん。おでん、焼き鳥、ホルモンなどメニュー名を入れたものや、ホッピーの名入りのものはホッピーファンには見逃せないポイントになる。地面まで届きそうな巨大な赤ちょうちんはなかなかの迫力だ。ちょうちんには白色もあって上品なイメージだが、やっぱり何といっても赤色が目を引く。それは街灯に引き寄せられる虫のような酒飲みの習性といえよう。

古い店になると焼き鳥の油にまみれ煤けていたり、骨組みが見えている破れぢょうちんもあって味わいがある。これなんぞ"酒場遺産"として登録したくなる。そんなものはないが。

● 暖簾の正しいくぐり方

居酒屋は別名「縄のれん」とも呼ばれるが、近年は布製の暖簾が多いようだ。屋号を染め抜いたもののほか、暖簾に入る文字としては「大衆酒場」「もつ焼き」などのバリエーションもある。とくに東京・月島〈岸田屋〉の暖簾は入口の二間幅いっぱいを占め、迫力ある大きさの「酒」の文字が染め抜かれ見事だ。いかにも「酒を飲みに来ました」という気にさせるのだ。

暖簾をくぐる際に気をつけたいのは、決して頭を使わないこと。暖簾の分けめに片手を差し入れるように掻き分け、そこから頭を入れればよい。暖簾のなかにもボロボロになったものがあるが、それだけ、その暖簾をくぐった人の数が多いという証明だ。赤ちょうちんにも暖簾にも多くの酒飲みの記憶が刷り込まれている。

赤ちょうちんのいろいろ

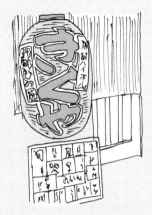

ホッピーを飲むなら、この赤ちょうちんがある店をめざそう

小粋なデザインの「どぜう」の文字入り赤ちょうちん

新宿・思い出横丁の巨大な赤ちょうちんはとりわけ目立つ存在。右下は赤ちょうちんと白い暖簾が鮮やかな北千住〈幸楽〉

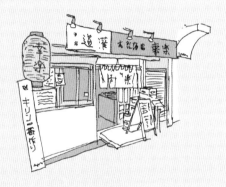

暖簾のいろいろ

半暖簾

商家などで使われる暖簾の標準サイズ113cmの半分の長さ（56.7cm）で、飲食店で使われる。店内がうかがえるようにしたもの

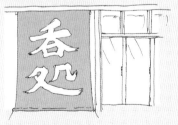

日よけ暖簾

一枚布の上端を軒先に、下端を道路側にせり出させて固定する幕のようなもの

酒器のいろいろ

● 酒器によって味わいアップ

日本酒にこだわる店では好きな猪口を選ばせてくれることもあるが、好きなデザインだけで選んではいけない。猪口は大きさや口径によって、酒の味わいを変化させるからだ。たとえば冷酒なら、酒の温度が変化しにくい小さめのものを。また香りを楽しみたい酒は口が広がっているもの。酒のもつ味わいを楽しみたい場合は全体に丸みがついていて口が小さめのものをキホンに選ぶといい。

夏場の冷酒はガラス器で飲むのも涼しげでいい。江戸切子や薩摩切子のグラスは特別なときに使ってみたい。徳利もガラスだと趣が増すだろう。夕暮れ近くに居酒屋のカウンターに陣取り、手酌で冷たい酒を傾けながらのつまみは新鮮な刺身なんかがいいかしらん。

● 目も喜ばせてくれるもの

酒本来の味わいを引き出すのも酒器というものの不思議なところ。たとえば取っ手と注ぎ口のついた燗付け器・ちろり（酒タンポ）。おでんの槽に入っているアルミ製のちろりも味わいがあるが、高級品には錫や銅・真鍮製のものもある。熱伝導率が高く保温性に優れ、酒を柔らかくまろやかにするのだ。錫のもつ存在感も、酒を何倍にもうまく感じさせる。

また陶器や錫、ガラスでつくられ、一升瓶から酒を移して供するための片口は口あたりをマイルドにするとともに、酒をおいしく見せる効果もある。舌だけでなく目も喜ばせてくれるのが酒器だ。何気なく入った酒場でいい酒器が出てくると、つい嬉しくなってしまうものである。

酒器のいろいろ

(冷) によし
小さめの盃は酒の温度が変化しにくいので冷酒によい

(冷) によし
口が広がっている盃は酒の香りを楽しみたいときに

(燗) によし
厚みがあり土の温もりのある陶器の盃は燗酒に向く

(常温) によし
高さがあり手にすっぽり収まるぐい呑みは呑兵衛に

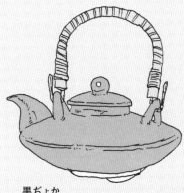

黒ぢょか
鹿児島では水で割った芋焼酎を寝かしておき黒ぢょかという酒器に入れ、コンロなどの直火で温めて飲むのが一般的

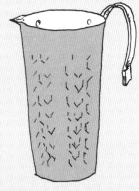

ちろり
酒を燗するための道具。保温性に優れ、酒をやわらかくまろやかにする。アルミ製のほか、銅や真鍮、錫製のものもある

片口
酒を一升瓶から移しておくための酒器で、徳利と同じように用いる。酒の口あたりをマイルドにする効果がある。平たいもの、高さのあるものなど形状はいろいろ

お燗の魔術

● お燗番という"温度"のプロ

　日本酒のお燗を専門とするプロのことを"お燗番"という。"日本酒のソムリエ"（利酒師）が味の伝道師だとすれば、お燗番は温度の調教師といったところか。日本酒はお燗をすることで味がふくよかになり、ほのかに香りが立つ。その最大の効果を上げるための温度を五感でとらえ、客に提供するのが役目だ。ぬる燗を好む人も多いので、酒の温度に神経を遣う店があると喜ばれるのだ。

　お燗をするのにもっとも簡単なのは小鍋に湯を沸かして徳利で温める方法だが、お燗番の仕事を見ていると思っているほど単純ではないことがわかる。もちろん温度計などは使わないで客の好みの温度を手のひらの感覚だけで何度もみる。だから燗酒を頼むとなかなか出て来ないことも。お燗をすると変化する味わいは日本酒ならでは。温めた酒が冷めていくときにおいしくなる"燗冷まし"も経験しておこう。

● 燗付け器のいろいろ

　普通の酒場では燗付け器が使われる。一般的なのは一升瓶を逆さまにしてセットするもの、また徳利１本分の筒を並べて湯煎できるようにしたものなどがある。なかでも酒場らしい存在感があるのは銅壺と呼ぶ燗付け器だ。すぐに緑青がわくので、こまめな手入れが欠かせない。これがカウンターの目の前にあったりすると、酒好きなら燗酒を頼まずにはいられないだろう。一部の店には珍しいスピード酒燗器というものがある。タンク状の燗付け器の上から酒を注ぐと、詳しくはわからないが、下から燗酒が出てくるしくみ。人の手を使うにせよ燗付け器を使うにせよ、お燗というものは奥が深い。

プロのお燗のつけ方

① 徳利を湯につける

徳利の首元くらいまで酒を入れ、湯につけて温める。酒が温まると徳利の口元まで上がってくる

② 温度を確かめる

適温になったかどうか徳利を両手で包み込んで確かめる。これを適温になるまで何度か繰り返す

③ 客に酒を注ぐ

最初の1杯はお燗番が注いでくれるが、2杯めから自分で注ごう

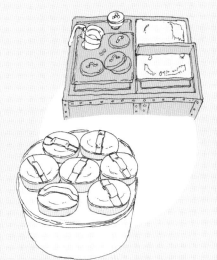

燗付器

フタを取ると湯が沸いているので、徳利やちろりを入れて燗をつける。上は銅壺と呼ばれるタイプ。木のフタの下にはおでんが煮えている

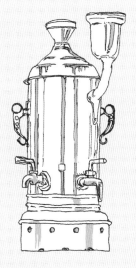

スピード酒燗器

タンクのような内部にらせん状のパイプがあり、ここを酒が通ることで瞬時に温まるしくみ。昭和初期に製造されたものらしいが都内でも目にすることができる

"杉玉"と新酒の知る人ぞ知る関係

● 杉玉は単なる飾りではない

居酒屋の軒先に下がっている巨大なマリモのようなものは杉玉（別名：酒林）と呼ばれている。直径30センチくらいから大きなものでは1メートル以上まで。杉玉は春先の新酒の完成を知らせるための"広告塔"の役目をする。本来は蔵元でつくられていたが、現在では居酒屋でも年中吊られている。杉の葉でできているので、最初は青々としているが、しだいに枯れてシブい茶色になっていく。

つくり方は、針金などで芯となる球体をつくり、すき間に杉の葉を挿し込んでいく。杉の枝を残しているので簡単に外れることはない。最後に全体を球状になるように刈り揃えて出来上がり。昔はこの杉玉を軒に吊ることで新酒の完成を祝ったのだ。

● 新酒の定義とは

「新酒の完成を知らせる」といっても、じつは新酒の定義ははっきりしない。ひとつは酒造業界で使われるもので7月1日～翌年6月30日までにつくられて出荷された酒を指し、それ以前の酒と区別する。「BY○年」と表記され熟成酒を意味し、メニューに載っていることも。

もうひとつは、その年に収穫された新米でつくり出荷された酒。実際の酒づくりは12月～1月に行われることが多いので、3月ごろに口にするものが一般的にイメージする新酒と言われるものだ。江戸時代の半ばに貯蔵技術が向上し、冬場にも醸造（寒造り）ができるようになって春先に出回るようになった。いまは春に絞った新酒に限らず、秋まで貯蔵して丸みを帯びた円熟味のある「冷やおろし」と呼ばれる酒なども登場し、日本酒好きは1年中新しい酒を飲むことができる。

杉玉のつくり方

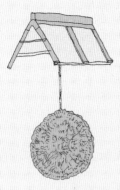

完成品

たまに居酒屋の軒先で目にするのが杉玉と呼ばれるもの。杉の葉でできていて完成時は青々しているが、たいてい枯れた色になっている

STEP1

針金で図のように芯になるものをつくり、杉の葉を挿せるように吊っておく

STEP2

まずは芯の下側から杉の葉(枝を残しておく)をどんどん挿し込んでいく。葉が抜けないくらいになったら先端を短めにカット

STEP3

次に上側からも杉の葉を挿し込んでいく。入るすき間がないくらいになるまで続ける

STEP4

最初は全体をおおまかな球形になるようにハサミでカット。すき間があったら葉を足しながら、全体を丸く刈り揃えたら完成

酒場の神々

● 酒場ならではの神様たち

酒場にはあっちこっちに神様がいる。たとえば古い居酒屋なら南向きか東向きの高い位置に、神棚が祀られていることがある。大きさや構造、神具はさまざまだが、お神札を納める宮形が立派だと店内が引き締まって感じられる。一般に神棚には伊勢神宮（神宮大麻）と氏神さまのお神札、その店で崇敬する神社があれば、そのお神札も祀ってある。毎日の平穏無事と家族の健康を願うためのもので、きれいに清められている神棚は店のシンボル的な存在だ。

竈（へっつい。いまなら台所）の神、荒神様も壁や柱に貼られた札でよく目にする。火の神でもあるので"火の用心"が欠かせない酒場では大事な守り神。さらに宝船に乗った七福神のほか、幸運をもたらす吉祥天、弁財天などの札もお馴染み。そんな神々が見守っている。

● 縁起物もいろいろ

酒場でひと際目を引くのが派手な飾りのついた縁起熊手。毎年11月の「酉の日」、浅草・鷲神社や新宿・花園神社などで開運招福・商売繁盛を願う「酉の市」の露店で売られているものだ。熊手は団扇程度の小さなものから肩でかつぐのもやっとという大きなものまであり、その由来は福徳を「掻き込む」ことにちなむ。酒場の常連が店に贈り、毎年大きくしていくのが本筋という話もある。買い求めた熊手は翌年の酉の市で神社に納めるまで店内に飾られる。

酒場にはほかにも、福助、仙台四郎、ビリケンなどの縁起をかついだものが多い。なかには常連が全国各地で買ってきたらしき招き猫、だるま、タヌキのコレクションもあってファンの多さを物語る。

神棚といろいろな酒場の守り神

神棚

神宮大麻をお祀りする場所を神殿といい、その両側に繁栄の象徴である榊を活ける。神殿の正面に注連縄を張るなどの決まりがある（北千住〈千住の永見〉）

荒神様

かつては竈の神、現在は"火の用心"の神様。火を扱う酒場にはありがたい神様

福助

由来は諸説あり、江戸時代に実在した人物らしい。幸運を招く縁起のいい人形と信じられている

仙台四郎

江戸から明治時代にかけて実在。四郎が訪れる店はすべて繁盛したという伝説から、福の神として祀られる

熊手

毎年11月の「酉の日」、商売繁盛を願う「酉の市」で売られているもの。由来は福徳を「搔き込む」ことから

ビリケン

明治時代に登場、こちらも諸説ある。当時のアメリカ大統領の名前に由来したとか、足の裏を搔くと願いが叶うとか

酒場と呑兵衛の歴史 その1
江戸の居酒屋を落語に学ぶ

● 古典落語には酒飲みがいっぱい

ものの本によると居酒屋のはじまりは、酒屋の店先で客に飲ませたこと(現在の「角打ち」)からの発展形だとか。「居続けて酒を飲む」ことから「居酒」と転じ、ほかの酒屋と区別するために「居酒屋」と呼ぶようになったとある。なお諸説あり、煮売り屋で酒を飲ませるようになったもの。屋台がはじまりなどという説もある。

おもに江戸時代を舞台にする古典落語に酒呑噺は多い。「二番煎じ」「親子酒」「禁酒番屋」「試し酒」などあるが、いずれも酒呑みを描いたもの。居酒屋を舞台にしたものとしては三遊亭金馬(3代目)が得意とした「居酒屋」が有名。男が居酒屋に入り、店員の小僧を相手にからかっているだけの噺だが、"宮下"(神棚の下)で樽を返した椅子で飲んでいる男の様子が目に浮かんでくるからおかしい。

● 志ん生の語る酔っ払いたち

いまだ人気が衰えない古今亭志ん生の酒好きはよく知られている。関東大震災のときに酒屋に飛び込んで自分用の酒を確保しようとした。戦時中に都電に乗っていたら、空襲がはじまり持っていた土産のビールを全部飲んでしまった。慰問に行った満州では強い酒を大量に飲んで数日間意識不明になったなどなど。高座に上がる前に酒を飲んで噺の途中で居眠りをはじめたという、現在では考えられないものも。

そんな志ん生が得意とした「品川心中」「文七元結」「三枚起請」は酒呑噺ではないが、お金と女郎とバクチに翻弄される男たちが主人公。どこか憎めないのだ。当時の廓の情景、花魁とのやりとりなどを通して、いにしえの酒呑み的世界に浸ることができる。

江戸の居酒屋

煮売り屋

簡単な食事ができるほかに煮豆、煮魚、煮しめなど、調理済みの惣菜を大鉢に盛って台に並べて売っていた。それがしだいに酒の肴を出す店が増えて、居酒屋の元となったようだ

古典落語・東西酒場噺

三遊亭金馬「居酒屋」（日本コロムビア）

〈あらすじ〉
縄のれんにやってきた酔っ払いが小僧さんを相手にイジリまくる。江戸の居酒屋の情景が浮かび、ギャグの連続で笑わせる

> 「へえい。できますものは、汁、柱、鱈昆布、鮫鱠のようなもの。鰤にお芋に酢蛸でございます。へえぇい」「いま言ったのは何でもできるのか」「さようでございます」「じゃあ"のようなもの"ってのを一人前持って来い」

桂枝雀「上燗屋」（東芝EMI）

〈あらすじ〉
酔っ払いが屋台店にやってきて酒と肴を頼むが、どれも店主を悩ませるものばかり。煮豆、オカラやニシンの漬け焼きが登場

> 「それだけでお金がいただけないとはどういうことですか。タダですか？ なんや、お前とこはタダのもんばっか置いてるのか」「あんたがタダのもんばっかたんねてはりまんねやがな」

酒場と呑兵衛の歴史　その2
戦後ヤミ市の名残りを訪ねよう

● 酒飲みにとっては魅惑の路地裏

　ヤミ市を簡単に説明すると、戦後の混乱期に焼け跡になった土地に小さなバラックを建て、当時の統制経済に背を向けて商売をやっていたマーケット地帯のこと。それが整理されないまま現在も飲み屋街として残っているケースは少なくない。昭和レトロというよりもまさにディープ。しかもターミナル駅のすぐそばなので見逃す手はない。歴史の勉強を兼ねてぜひ訪ねてみたい。もちろん酒を飲みに、だ。

　まずは、品川駅港南口。ひとりが通るのがやっとという路地が入り組んだエリアに飲み屋が固まっている。モツ焼き〈マーちゃん〉のモツは品川に食肉市場があることから新鮮さは折り紙つきだ。その隣駅の大井町にも東小路、平和小路、すずらん通りという飲み屋街がある。東小路の狭くてアヤシイ路地を抜けるとあるのが〈肉のまえかわ〉。本来は肉屋だが店頭の焼き鳥に男たちが群がってむさぼり食っている。

● いまのうちに記憶に留めるべし

　戦後しばらくすると焼け跡だけでなく、新橋や神田の高架下にも多くの非合法の飲食店が出現した。ご存じのとおり、現在おじさんサラリーマンたちの天国となっているのは、当時の名残りだ。また新宿ゴールデン街は青線地帯（公娼に対して私娼が商売していた。昭和33年で廃止）が現在まで姿を留めているケース。店によっては3階まであり、そこで客をとっていたことがわかる。飲み屋街の魅力は、このようなダークサイドなくして語ることはできないとも言える。

　ディープな飲み屋街は、いつ再開発の波にさらされるかわからない。いまのうちに記憶に留めておくべし。

品川駅港南口

都市開発されたモダンな駅前を少し入るだけでディープな飲み屋街が集まる場所がある

〈マーちゃん〉の煮込みはバターを溶いたようなクリーミーな味わい

折れ曲がった路地が多く、どこを歩いているのかわからなくなる

大井町東小路

肉屋の店頭で飲む人が多い〈肉のまえかわ〉は有名スポット

酒場や各種飲食店が軒を並べる大井町東小路の入口。まさに迷宮だ

酒場と呑兵衛の歴史　その3
酒場文化の変遷を知る

● 戦後の本格的酒場文化のはじまり

　酒場文化はさまざまな影響を受けて時代とともに変わる。戦後間もない1950年代の酒場では、まだ質の悪い酒が一般的だった。バクダンという謎の酒の飲み過ぎで失明した人も少なくないという。60年代には時代も落ち着き、サントリーの広告戦略で街でも「トリスバー」が人気を博すようになった。バーという西洋文化が一般に広く知られはじめた時期だ。70年代前半は芋焼酎「さつま白波」とお湯割りが注目され、第1次焼酎ブームになる。また70年、ファミリーレストラン「すかいらーく」1号店のオープン、均一化された料理とサービスは家族でも安心して利用できると外食への志向が高まる。

　缶チューハイが登場した84年ごろは第2次焼酎ブームである。居酒屋業界では「村さ来」が85年に全国チェーンとなり、92年には庄やグループが「やる気茶屋」を吸収合併、直営店110店舗になった。

● 居酒屋ブームの到来

　90年代、東京でモツ鍋と本格焼酎ブームが起こるものの00年代はじめのBSE問題で衰退。00～04年ごろ、第3次焼酎ブームを迎え、本格焼酎が全国的に飲まれるようになる。日本酒は「十四代」（山形）「飛露喜」（福島）など、若い世代がつくる酒が注目される。そして09年ごろ、おもに若年層にウイスキーのハイボールが新しい飲み方として受ける。10年代からは格安に飲める立ち飲み、センベロがブームに。かつて繁栄を誇ったチェーン店は大企業傘下に入りはじめる。

　今後どのようなブームがあるかは誰にもわからないが、本当の酒のみは軽々しく乗らないだろう。いつもの酒場で横から眺めるだけだ。

酒と酒場はこう変わった

1950年

- ●戦後、メチルアルコールを使用した粗製焼酎バクダンが出回る

1960年

- ●キャバレーがブームとなり、洋酒が日本酒の消費量を上回る
- ●サントリーのトリスウイスキーを飲ませるトリスバーが人気

1970年

- ●70年代前半、第1次焼酎ブーム。芋焼酎「さつま白波」が人気
- ●70年、ファミリーレストラン「すかいらーく」1号店オープン

1980年

- ●地酒ブーム。「越乃寒梅」(新潟)「一ノ蔵」「浦霞」(ともに宮城)が人気に
- ●84年ごろ、第2次焼酎ブーム　宝酒造「タカラcanチューハイ」、東洋醸造「ハイリキ」が発売され、缶チューハイが人気
- ●85年、居酒屋チェーン「村さ来」が全国チェーンとなる
- ●80年代後半、黒木本店の麦焼酎「百年の孤独」、薩摩酒造の麦焼酎「神の河」がヒット

1990年

- ●吟醸酒ブーム。「上善如水」「久保田」(ともに新潟)などに脚光
- ●92年、庄やグループが「やる気茶屋」を吸収合併、直営店110店舗に
- ●92年、日本酒の階級制度(特級〜三級酒の区分け)が廃止
- ●90年代後半、麦焼酎が消費量を伸ばす。ビール類や日本酒の消費量は減少
- ●東京でモツ鍋と本格焼酎ブーム

2000年

- ●01年、千葉県で飼育されていた牛がBSE(狂牛病)の疑いがあることがわかる
- ●00〜04年ごろ、第3次焼酎ブーム。芋などの本格焼酎が人気に
- ●「十四代」(山形)「飛露喜」(福島)など、若い世代が造る酒が注目を浴びる
- ●09年ごろ、ハイボールブーム

2010年〜

- ●大手チェーン居酒屋が大企業の傘下に入る
- ●「獺祭」(山口)「醸し人九平次」(愛知)やスパークリング日本酒が人気
- ●立ち飲み、センベロがブーム

※（参考：三菱UFJリサーチ&コンサルティング、日本銀行鹿児島支店の焼酎業界調査などを基に作成）

酒好きに見逃せない街①
新宿エリアをハシゴする

● 安くてうまい店のあるエリアをチェック

　ハシゴ酒をするときに覚えておきたいのは、どのエリアにどんな店があって料金はどのくらいかという点。高い店ばかりある街をいくら探しても骨折り損になってしまう。行きたい店を数軒は決めておこう。「ここは絶対行きたい」という店がないまま歩いていても、時間帯によっては混んでいて入るのが難しい場合が少なくないからだ。

　そういうわけで新宿は入りやすい店はあまり多くない。手ごろな値段の店を知っているのと知らないのとでは大きな差が出る。そのなかで歌舞伎町の立ち飲み〈龍馬〉は得難い存在だ。串揚げ各種が90円から充実し、生ビール、ホッピーセットが390円なので1軒めにいい。

　西武新宿線に近いエリアも安め。〈萬太郎〉というモツ焼き屋ではピリ辛の牛スジ煮込み（500円）と酎ハイ（380円）に、モツを何本か焼いてもらおう（130円が中心）。女性連れならこの近くの洋風立ち飲み〈プロヴァンサル〉では安くてうまいグラスワインが300円〜。鹿、鴨、兎などのジビエ料理が珍しい。1人3,000円もあれば十分。

　小滝橋通りをちょっと入った辺りも注目。立ち飲みの〈おおの屋〉は"朝採りもつ串"の看板が目印。焼きとんが1本90円から生ビール350円、冷蔵庫からセルフで取る刺身が250円くらい。かつてレバ刺で名を売った店だけに、レバーの唐揚げ（250円）も賞味すべし。

　西口の思い出横丁は新宿らしいエリア。モツ焼きの〈きくや〉〈ウッチャン〉〈ささもと〉のほか、鰻専門〈カブト〉、寿司〈寿司辰〉、中華〈岐阜屋〉、ゲテモノ系〈朝起〉など迷ってしまう。ただ近年は一部の店で観光客向けの値段になっているという話も。ゴールデン街はなかなかひとりでは行けないエリア。チャージ料を取る店もある。

新宿酒場MAP

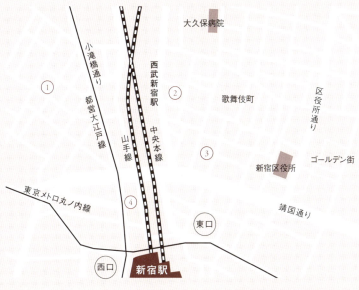

① おおの屋
② 萬太郎
③ 新宿区役所
④ 東口
西口 新宿駅

小滝橋通り
都営大江戸線
西武新宿駅
山手線
中央本線
東京メトロ丸ノ内線
大久保病院
歌舞伎町
区役所通り
ゴールデン街
新宿区役所
靖国通り

① **おおの屋**

"朝採りもつ串"の看板が目印の立ち飲み屋。昼酒客も多く、平日でも混んでいる。焼きとんが1本90円から、セルフ式のつまみも豊富

② **萬太郎**

歌舞伎町周辺で飲むなら狙いめの昭和酒場。創業は平成5年(1993)だが昔ながらの雰囲気

③ **龍馬**

歌舞伎町の真ん中にある立ち飲み屋。串揚げ各種が90円から充実。歌舞伎町では安心して飲める店のひとつ

④ **思い出横丁**

近年は観光客が多く、かつての雰囲気が失われつつあるが、昔ながらの経営方針をつらぬく店もある

酒好きに見逃せない街②
中央線沿線をハシゴする
中野・高円寺・阿佐ヶ谷

● センベロの立ち飲みがとても充実

　中央線沿線の中野〜高円寺〜阿佐ヶ谷〜荻窪〜西荻窪〜吉祥寺にはチェーン店、個人店ともに多い。駅前の"○○ロード"と呼ばれたりする商店街から脇に入ったところなどにいい店があるし、比較的安いエリア。沿線から北に目を向けると西武新宿線が走っていて沼袋、鷺ノ宮などタクシーで800円くらい。2人なら安いものだから、やろうと思えば南北を移動するハシゴ酒も楽しめる。

　中野は近年、大企業や大学の移転で昼間人口が激増し、北口・サンモール裏の飲み屋街が賑わっている。どこまで歩いても酒場の連続だから、気に入った店を見つけようとしたらひと苦労する。こういうエリアには1〜2人で行くのがおすすめ。3人だと入れないことが珍しくないからだ。「たいてい入れないよ」という声もある〈おかやん〉は立ち飲みながら新鮮で珍しい魚介類とうまい酒が飲める。もし入れたら運がいいと言われるほど。ほかにも〈もつやき 石松〉〈やきや中野店〉〈カッパ〉など覚えておくべし。

　高円寺は駅南口の〈大将〉が有名だが、2016年、純情商店街に〈晩杯屋〉という都内で多店舗展開中の大人気の立ち飲み屋が出店した。ほとんどのつまみが100円台で注目スポットになっている。安い立ち飲みでは〈きど藤〉もハズせない人気店だ。

　阿佐ヶ谷はスターロードをしばらく歩いた立ち飲みの〈風太くん〉が焼き鳥、魚介類などメニュー豊富だ。呑兵衛好みの珍しい日替わりメニューも見逃せない。近くにはチェーン店ながら味わいのある〈和田屋〉がありイノシシのすき焼き風、鹿肉のタタキなど珍しいつまみがそそる。ということで次は隣の荻窪へ行こう。

中央線酒場案内①

新宿

○ 大久保

○ 東中野

中野

おかやん（中野）

魚介類の産地はメニューに明記、お任せ3点盛りが700円とうれしいサービスも。なかなか入れない人気店

晩杯屋（高円寺）

都内で18店舗展開するチェーン店で、コスパの高さから人気が高い。ほとんどのつまみが100円代

高円寺

きど藤（高円寺）

晩杯屋と負けず劣らずの高コスパの立ち飲み屋。駅から徒歩4分の住宅地のなかにある

阿佐ヶ谷

風太くん（阿佐ヶ谷）

15時から営業の立ち飲み屋。焼き鳥、魚介類などメニュー豊富で珍しい日替わりメニューもある

酒好きに見逃せない街③
中央線沿線をハシゴする
荻窪・西荻窪・吉祥寺

● 落ち着いた雰囲気で飲めるエリア

　中野から吉祥寺までは住宅地でありながら、駅前にまとまった繁華街がある。しかも駅の南北に飲み屋があるので呑兵衛にはウレシイ。酒場に来る人の半分くらいが地元住人で落ち着いた雰囲気がある。知り合いに偶然遭遇することもありハメを外せない意識が働くのかも。

　荻窪といえば、かつては北口脇にあった〈鳥もと〉がいい味を出しておじさんたちが引きも切らなかったが、再開発で新宿側の商店街に移転。以前ほどの存在感はないものの、焼き鳥、焼きとんのほか、北海道直送の鮭児、天然キングサーモン、無農薬有機野菜が自慢。店主が大きなダミ声で迎えてくれる。中野に本店がある〈やきや〉はイカ料理専門の立ち飲み屋ながら、昔からのファンが多い店だ。

　西荻窪は南口の柳小路が賑わいを見せる。昼1時から営業の〈戎〉では95円からの串焼き、タルタルソースで食べる大ぶりのイワシコロッケ（490円）が名物。すぐ近くにある焼き鳥の〈よね田〉は限定品の巨大な鶏つくね（210円）、鶏刺しなどもある。なお柳小路では毎月第3日曜に「昼市」といって周辺の店が割安な値段で酒や料理を出すイベントを行っていて盛り上がっているので一度訪れてみよう。

　吉祥寺といえば北口のハモニカ横丁だが、いつも混んでいるのでどこに入るにもタイミングしだい。有名な老舗の〈いせや〉は総本店と公園店がそれぞれ08年、13年にリニューアルオープン。かつての風情は失われてしまったが、いまでもふらっと訪れる客が絶えない。

　ハシゴ酒をするなら、まずは名前の知られている店に行くべし。慣れてきたら腕試しに入ったことのない店にチャレンジしよう。そのくらいの軽い気持ちで楽しめばいいのだ。

中央線酒場案内②

阿佐ヶ谷

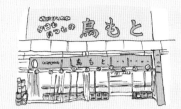

鳥もと（荻窪）

地元で長年愛される老舗。昔を知る人は焼き鳥、焼きとんだけかと思いきや、産地直送の魚介類、無農薬有機野菜も

荻窪

戎（西荻窪）

昼間営業はできるメニューが限られるが、小さな街ならではののんびりした雰囲気がなんとも言えない

西荻窪

よね田（西荻窪）

どのメニューもボリューム感があり、うまいのはもちろん食べでがある。2階に座敷もある

吉祥寺

ハモニカ横丁（吉祥寺）

「万両」「ささの葉」「てっちゃん」など昔ながらの酒場もあるが、中華、スペインバル、アジア系など若者向けの店が多い

酒好きに見逃せない街④
北千住エリアをハシゴする

◉ 昔ながらの大衆酒場をめぐってみよう

　北千住は鉄道5路線が乗り入れるハブステーションになっている。帰宅途中に乗り換えで街に出る人も多く、JR東日本の駅のうち1日の平均乗降人数ではベスト10に入る。東口にも酒場はあるが、賑やかな西口へ行ってみよう。西口を出てすぐ左手の路地に足を踏み入れると、軒並み大衆酒場の呑兵衛天国だ！　これなら電車の待ち時間にちょい飲みするのに便利で、名店のハシゴ酒もできるというもの。

　まずは〈千住の永見〉で焼酎ハイボール（350円）と名物の「千寿揚げ」（ニンニク入り・520円）を頼もう。薩摩揚げに似ているがニンニクがかなり効いている変わり種。串揚げの立ち飲み〈天七〉では酎ハイ（350円）と牛カツ、豚カツ、イカ、キスなどが1串160円。野菜も長ネギ、ニンニクなどいろいろある。目の前で揚げて、出来たてのアツアツを目の前のトレイに届けてくれる。

　さて、駅前の大通りを少し歩いて「宿場町通り」に移動。ここに東京三大煮込みのひとつ〈大はし〉がある。4時半の開店とともに満席になるが回転がいいので1、2人ならすぐ座れることもある。ただ、タチの悪い酔っ払いを入れないためか入口を覗く客を断ることも。2人ならキンミヤのボトル（720ml、1,200円）を頼めば、氷と小瓶入りの"謎の液体"と炭酸水が出てくるので、ゆっくり楽しめる。煮込みや肉豆腐（320円）を注文すると、カウンター内にいる大将が「煮込みいっちょう！」と景気のいい声で厨房に通すのも下町らしい。

　北千住は昔ながらの酒場が多く客層は中高年が中心だ。なかには並ばなければ入れない店もあるが、いやなら縁がないと諦めればいい。実際に入ってみなければはじまらない。次の店に行くとしよう。

北千住酒場MAP

① **大はし**

明治10年(1877)創業の老舗だが改装されてきれいになった。大将の気風から江戸っ子を感じさせる

② **バードコート**

ミシュランで1つ星を獲得したことで知られる、焼き鳥の名店。外観もおしゃれだ

③ **千住の永見**

名物は千寿揚げのほか、鶏軟骨つくね焼き(温泉卵付)も。知る人ぞ知る裏メニューのラーメンを味わいたい

④ **天七 本店**

茶色の大暖簾が迫力の、立ち食い串揚げ屋。大型のコの字型カウンターに50人は収容できる広さがある

～商店街で飲む～
つくねとはんぺんと大根とカップ酒

　普通の大人は商店街で飲んだりはしない。商店街で飲むのは、そこに飲み屋があるからだ。赤羽にはそれがあるという。東京都北区赤羽は酒飲みの聖地である。ここにおでん種の製造販売を兼ねる〈丸建水産〉がある。

　おでんの槽（ふね）にたっぷりタネが浮かんでいて、人だかりができている。店頭にテーブルが置かれてあり立ち飲みできる。次から次へと客がやってきて小さな行列が。運よくすぐに順番が来た。ここは手づくり練り物が売りなので、頼まないわけにはいかない。はんぺん、大根、つくね、紅生姜天にしよう。酒は丸眞正宗という、東京23区内で唯一の地元の酒蔵・小山酒造のカップ酒に。おでんの皿を渡され、どこに陣取るかなと考えていたら、若い女性店員さんが皿を受け取ってくれて場所を空けてくれる。もちろん、ほかの客にもそうしている。

　丸眞正宗をあおり、おでんを喰らう。つみれの歯ごたえがもちもちを越えて噛みでがある。はんぺんはフワフワというよりしまり、魚の風味が効いている。大根は夏大根と聞いたが、たしかに甘味よりも辛味が強い。そこで周りを見ると、カップル客やスポーツ新聞持参のおじさん、隣客に話しかける客などがいておもしろい。丸眞正宗をおかわりして、おでんを食べ終わる。混んでいる店での長居は無用だ。それでは商店街を抜けて帰ろう。ほかにもいい店がある。

第 **5** 章

自宅で居酒屋を愉しむ

おいしい
焼酎ハイボールのつくり方

● 強い炭酸水が飲み口のポイントに

　下町の居酒屋でお馴染みの焼酎ハイボールだが、今では多くの立ち飲み屋のメニューにもよくある。昔から煮込みやモツ焼きには焼酎ハイボール、というのが黄金の組み合わせ。一度自宅でもやってみたいと思う人は少なくないだろう。コンビニやスーパーに行けば缶入も売っているが、それではツマラナイ。つくり方の王道はいかに……。

　まず用意するものは甲類焼酎（58ページ）。ガンコな居酒屋好きならキンミヤ焼酎25度しかないと断言するかもしれないが、ほかの甲類焼酎でもOK。次に、焼酎ハイボールに必ず注がれる「謎の液体」を手に入れよう。40ページでも説明したように、酎ハイの素「天羽の梅」（一升瓶で900円程度）が主流だ。酒販店やネット販売でも買える。炭酸水は泡の弾け方がジュワジュワーっと強い強炭酸が、キレのある味わいになるのでおすすめ。

● 自分なりの配合で楽しむのもアリ

　天羽の梅、焼酎、炭酸水の配分は1：2：3というのがキホン。店によっても違うので自分の好きな濃さに調整してもいい。グラスをはじめ、材料はすべてキンキンに冷やして氷を使わないこと。以上のつくり方を守ってこそ、元祖を名乗る「下町ハイボール」としての条件が揃う。ぜひチャレンジしてみよう。

　ここまで書いておいて、水を差すようだが、じつは自宅でつくっても居酒屋の味を再現するのは簡単ではない。「店で飲むとやっぱりチガウ」という感想も多いのだ。健闘を祈る。

焼酎ハイボールのキホン

大きめのグラスを含め、材料はすべて前日からキンキンに冷やしておこう

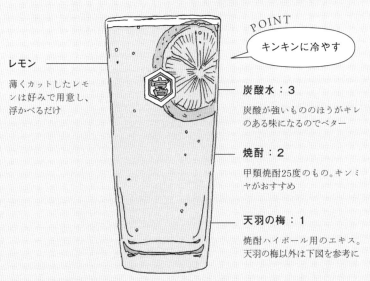

POINT
キンキンに冷やす

レモン
薄くカットしたレモンは好みで用意し、浮かべるだけ

炭酸水：3
炭酸が強いもののほうがキレのある味になるのでベター

焼酎：2
甲類焼酎25度のもの。キンミヤがおすすめ

天羽の梅：1
焼酎ハイボール用のエキス。天羽の梅以外は下図を参考に

● その他の「謎の液体」

天羽飲料のレモン果汁入りエキス。ジン、ウイスキーにも使える

合同酒精の「梅の香ゴールド」は1800mlで600円程度と割安

神田食品研究所「ハイボール」。製造元推奨の配分は焼酎7：エキス3：炭酸水10

おいしい三冷ホッピー&シャリキンのつくり方

● 三冷のつくり方

　酒場のホッピーといえば、ジョッキに氷と焼酎を入れた状態で出され、そこにホッピーを自分で注ぐのが標準スタイル。それに対し、通称「三冷」という飲み方は、冷やしたホッピーと25度のキンミヤ焼酎、冷凍庫で凍らせたジョッキを使うことをキホンとする。

　三冷にすることで氷が溶けだして味が薄まることもなく、最初の濃さで飲むことができるのがポイント。ジョッキに焼酎を入れて、そこに勢いよくホッピーを注ぐと、ビールのような細かい泡がふわりと立っていかにもうまそうだ。焼酎とホッピーの配合は1：5とされるが、自分好みの濃さでも構わない。48ページでも説明したように、ポイントはマドラーなどでかきまわさないこと。

● シャリキンのつくり方

　通称「シャリキン」とは、キンミヤ焼酎をシャーベット状になるまで凍らせた状態のことをいう。つくり方は焼酎をペットボトルに移し替え、約1日冷凍庫へ。焼酎が凍ったらペットボトルを軽く揉むことでシャーベット状になる。それを冷たい小ぶりのグラスに注いでそのまま飲んでもよし、天羽の梅を少量垂らして梅割りにしたり、ホッピー割りにしてもよし。すっきりした味わいの夏向けの飲み物の出来上がり。キンミヤ焼酎の製造元・宮崎本店から「シャリキンパウチ」という手軽にシャリキンが楽しめる商品も発売されている。一度はお試しあれ。ただし、飲み口がよい割にストレートに近く、アルコール度数は高くなるので飲みすぎに注意しよう。

三冷のつくり方

ジョッキ、グラスは冷凍庫で凍るまで、甲類焼酎、ホッピーもキンキンに冷やしておこう

凍　　　冷　　　冷

甲類焼酎　　　配合 1:5　　　**ホッピー**

POINT
★印が目安

ホッピーオリジナルジョッキ（500ml）なら下部にある★印まで焼酎を入れ（70ml）、ホッピーを1本（330ml）注ぐと1:5（約4.7）に

シャリキンのつくり方

丸1日くらい冷凍庫に置いておくとシャーベット状に

キンミヤ20度のシャリキンパウチ。90ml入りで100円程度。手軽にシャリキンが楽しめる

ホッピーで割るほか、ストレートグラスでそのままやってもよし

※〈参考：ホッピービバレッジ株式会社のHP〉

アサリの酒蒸し

難易度 ★☆☆

● 柔らかな歯触りと潮の香り漂う

アサリの酒蒸しは居酒屋によくあるメニューだが、身が小さかったり、固かったりするとガッカリものだ。恵比寿の〈さいき〉では愛知県産の大ぶりのアサリを築地で仕入れている。茹でても身が縮まずに柔らかな歯触りを失わないものを選んでいるという。なるほど、

貝殻からほぐれた身を噛むとプリプリしている。1人前12個だが、思った以上に食べでがする。アサリの旨味で白濁した出汁もズズズっといただこう。

つくり方はいたって簡単。砂抜きしたアサリを洗い、一般的な家庭用のお玉1杯の酒とカツオ出汁を加えて鍋に火を点ける。出汁が沸き、アサリの蓋が開いたら出来上がり。最後に灰汁を取るのを忘れずに。彩りに浅葱をふりかけて。

家庭でつくる際、酒とアサリの旨味だけでも十分おいしくいただけるが、カツオ出汁を加えることにより奥深い味わいに。〈さいき〉では別メニューの玉子焼きにもカツオ出汁を用い、砂糖少々を加えて甘口にしている。普段家庭でつくる玉子焼きにはないひと手間が、酒好きの舌を喜ばせるのだ。

つくり方

① **材料**
大き目のアサリ12個が1人前。砂抜きしたアサリを洗い、お玉1杯の酒とカツオ出汁を加える

② **火にかける**
①を強火にかけ、出汁が沸くのを待つ

③ **フタが開いたら完成**
鍋のフタはせずに、そのまま待つ。アサリのフタが開いたら完成。浅葱を散らしていただこう

貝焼きはカンタン！

ホタテ

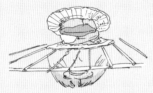

網にのせフタが開くまで強火で焼く。できれば事前に身をはずしておくといい

火がとおり過ぎないように注意。汁が沸騰してきたらひっくり返して裏も焼く

最後に醬油を回し掛け30秒程置いて出来上がり

サザエ

網にのせて弱めの火で焼く。泡が出てブクブクしてきたら醬油を投入

金串などを差し込んで、貝殻をひねるようにしながら身を取り出す

出来上がり。温かいうちにいただこう！

ポテトサラダ

難易度 ★☆☆

● いろいろなアレンジができるシンプルな一品

　酒場のスピードメニュー、ポテサラ。ハズレが少なく、店ごとに具材や隠し味で工夫したり、個性を感じさせる立派な一品だ。ジャガイモのネットリした食感が、シャキシャキの野菜やハムとハーモニーを奏でる。こってりした煮込み料理などの口直しにもいい。新宿ゴールデン街の〈ダンさん〉ではお通しに出すことも。

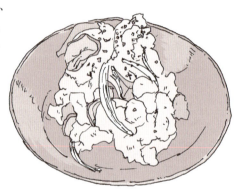

大きめに切った玉ネギの食感が、いかにも男のサラダ風だ。ごろんとしたイモの塊を残しているので変化を楽しめる。

　つくり方は、鍋にたっぷりの水を用意し、ホクホクした仕上がりになる男爵イモをボイル。10分くらいたったら、竹串を刺してみて、ポトンと落ちる感じになれば茹で上がり（15分程度）。湯を捨て弱火で水分を飛ばしたら木べらなどでつぶしていく。温かいうちに塩、コショウと、隠し味のパルメザンチーズ少々で味付け。粗熱が取れたら、塩をした野菜を布きんに包んで余分な水分を絞り、マヨネーズとともにイモと混ぜ合わせる。味付けは何度も味見しながら自分好みで決めていけばいい。辛子を効かせてもおいしいそうだ。

つくり方

① **材料（3〜4人分）**

男爵イモ4個、玉ネギ半個、ニンジン、キュウリ各1本がキホン。ほかにハムやソーセージ、好きな野菜を加えてもいい

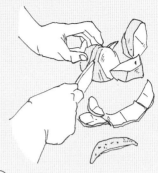

② **イモをカットして茹でる**

普通は甘味を閉じ込めるために丸のまま茹でるが、スピードを重視するなら皮を剥いてカットしてもいい

塩　コショウ　パルメザンチーズ

③ **野菜に塩を振って置く**

イモが茹で上がるまでに玉ネギ、ニンジン、キュウリを薄切りにして、軽く塩をふってしばらく置く

④ **イモをつぶす**

イモが茹で上がったら湯を捨て、弱火にかけて水分を飛ばしたら熱いうちにつぶしていく。小さな塊が残るくらいの状態に

⑤ **マヨネーズを加えて混ぜる**

イモをつぶした状態でマヨネーズを加えて味をみる。次に水分を絞った野菜を加えてマヨネーズを加えて味見。自分好みの味付けに

肉豆腐

難易度 ★ ☆ ☆

● 酒との相性がいいこってりした一皿

肉豆腐……それは酒を愛する男のソウルフード。モツ煮込みとともに、居酒屋に欠かせない一品だ。肉と豆腐（と玉ネギなど）を煮込んだ簡単なものだが深い味わいの肉豆腐を売りにする店も多く、その一皿には長く受け継がれた伝統を感じる

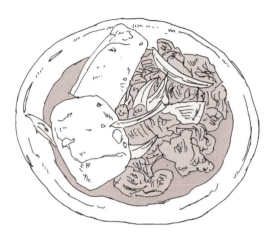

ことができる。酒との相性もよく、ビールや下町ハイボールなどで流すこってりした味は何物にも替えがたい。〈ダンさん〉ではこれに牛スジの煮込みを加えて出すこともあり、その味わいは常連ならずとも喜ばれること必至の自慢の品だ。

つくり方は、水をたっぷり入れた鍋に牛肉の切り落としを入れ、ほぐしながら茹でていく。その間、玉ネギ半個は厚めに切って用意しておく。肉の灰汁が出なくなったら酒1カップを加え、少し火を強めにしてひと煮立ちさせる。玉ネギを投入し、醬油、砂糖で味をつけたら、豆腐を投入。薄く切っても、タテ4分の1でもお好みで。

多めにつくり食べるたびに火を入れ、味を馴染ませていくと、肉がトロトロ、玉ネギがクタクタ、豆腐は味がしみ込んでこげ茶色になり、本格的な肉豆腐になる。ご飯のお供にもどうぞ。

つくり方

① **材料（5〜6人分）**
国産牛の切り落とし（380g）。いろいろな部位が含まれている。バラ肉の切り落としでもいい

② **玉ネギをカット**
玉ネギ（半個）は煮込んでいるうちにクタクタになるので、少し厚めにカットする

③ **たっぷりの水で肉を茹でる**
鍋に約5ℓの水と肉を入れ、沸騰してきたら、こまめに灰汁を取り出なくなるまで続ける

④ **味付け**
酒1カップを加え、玉ネギを投入し、醤油（お玉に2杯半）、砂糖（大さじ2）を加えて味をつける

肉豆腐の活用例

豚バラ肉、シラタキとネギを入れて。ネギは煮込み過ぎないのがポイント

鶏皮とモツもいける。コストパフォーマンスの点でも言うことなし

肉豆腐はご飯にのせて食べるとバツグン。玉ネギがいい働きをする

モツ煮込み

難易度 ★★☆

● **あっさりした味噌風味、細切りモツがうまい**

モツ煮込みといえば豚を使うことが多いが、〈さいき〉では牛の大腸（シマチョウ）を使う。仙台味噌で味付けしたあっさり風味で、モツ特有の臭いは皆無。モツ煮込みとしては上品なタイプだ。細切りにした牛の大腸は食べやすくするための工夫か。コンニャク、ゴボ

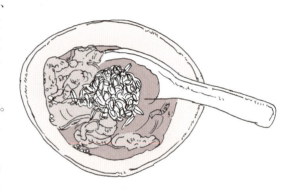

ウにモツから出た味がよくしみ込んでうまい。合わせる酒は、日本酒、焼酎、ビールと何でも来い。年間を通じて提供されるが、とくに冬場にはカラダが温まるからだろう、よく出るそうだ。

つくり方は、まず大腸1キロ（約25人分）にニンニクと、臭みを消すためのショウガのスライスを加えて大鍋で茹でる。沸騰したら水を差しながら、丁寧に灰汁を取るのがポイント。茹で時間はモツについた脂にもよるが1時間くらい。灰汁が出なくなり、モツの臭いがしなくなったらコンニャク、ゴボウを投入。10分くらいしてツユがしみ込んだころ、仙台味噌を溶き入れて完成。細切りの白ネギをからませていただくと、酒飲みにはたまらない味わいになる。

つくり方　※材料の分量は約1/10で2〜3人分

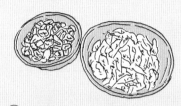

① **材料**
モツは大型スーパーに行けば下茹でしたものも。材料はほかに、大根、ニンジン、豆腐など、余り物を入れて具だくさんにしてもいい

② **コンニャクを切る**
味がしみ込みやすいように乱切りにする。ゴボウも細かくカット。カタチはお好みでいい

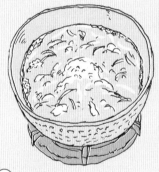

③ **茹でる**
牛の大腸1kgとニンニクとショウガのスライス（約100gずつ）を加えて大鍋で茹でる

④ **灰汁を取る**
沸騰したら水を加えながら、丁寧に灰汁を取る。臭みのもとである黄色い脂が出なくなるまで繰り返す

⑤
コンニャク、ゴボウを加える
臭みがなくなったらコンニャク、ゴボウを鍋に投入。店では大鍋を使っているが、家庭にある行平鍋でもOK

出汁巻き玉子

難易度 ★★★

◉ 溢れ出すカツオ出汁がほんのり香るやさしい味

眼にも鮮やかな黄色が食欲をそそるのが玉子焼きや出汁巻き玉子。これを、ただのお弁当のおかずだと思うなかれ。酒場のれっきとした定番つまみだ。メニューに出汁巻き玉子がある酒場は、一見ありふれた料理にもこだわりをもっているに違いない。

おもむろに箸を入れると、ゆるく巻かれて層になった断面のどこからともなく出汁が溢れ出す。玉子のほんのりとした甘さをカツオ出汁の香りが包み込む。口のなかで、ゆっくりと玉子がほぐれているのを楽しみながら日本酒で流してもいい。

つくり方は、玉子3つをボウルに割り入れ、白身を切るような感じでかき混ぜる。これに味醂少々とカツオ出汁を加える。フライパンに油を引き、まず薄焼きの玉子焼きをつくる。ある程度固まったら端に寄せ、フライパンの空いた部分に残しておいた玉子液を入れる。固まってきたら端に寄せておいた玉子焼きを、フライパンを返す要領で重ねていく。焼いては巻いてを4回繰り返して完成。大根おろしを添えてさっぱりといただこう。

つくり方

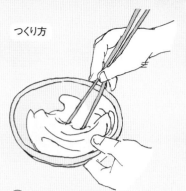

① **玉子をかき混ぜる**

玉子3つをかき混ぜ、カツオ出汁を120〜144cc加える。カツオ出汁はこれ以上量が多いと、ゆるくて玉子が巻けないので注意

② **フライパンに油を引く**

適量の油を入れる。余分な油は拭き取って、全体に馴染ませる

③ **薄い玉子焼きをつくる**

玉子液の4分の1程度をフライパンに投入し、均等に行きわたるように傾けたり箸で整える

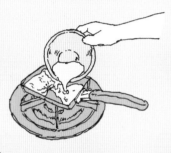

④ **玉子焼きを何度か巻く**

③を端に寄せて、空いた部分で次の薄い玉子焼きをつくる。固まってきたら③を返して巻いていく。これを4回ほど繰り返す

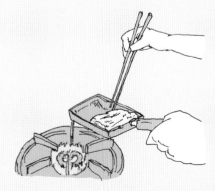

⑤ **仕上げ**

全体がまとまったら、フライパンをあおって固めて完成

海老しんじょう

難易度★★★

● ホクホクとした味わいの揚げしんじょう

しんじょうは蒸し物や椀物だけでなく、〈さいき〉のように揚げることもある。出来たてに箸を入れると、軽くふわりと割れる。添えられた青海苔と塩でいただ

くと、口のなかで海老がゴロゴロし、ほぐれつつもホクホク。やがて磯の香が鼻を抜けて、海老と白身魚の旨味が溶け合っていく。店の名物のひとつで、たいていの客が注文している。これには夏場なら、ずばり冷酒。この店では凍結酒が合う。

つくり方は、まずみじん切りにした玉ネギを火が通る程度に炒め、2時間くらいバットに寝かせて水分を飛ばす。海老（ブラックタイガー）をスライスし、少し歯ごたえを残す程度に叩いたら、ボウルで前述の玉ネギと合わせる。次に白身魚のすり身を加え、まんべんなく混ぜる。このときすり身の塊が残ったりすると、揚げたときにそこだけ膨れてしまうので注意。最後にマヨネーズをつなぎ代わりに投入。

ポイントは揚げる前に少し冷やしておくこと。マヨネーズを使っているのでタネが柔らかく揚げにくいためだ。アイスクリーム用のディッシャーでひとり分をすくい取り、カタチを整え片栗粉をまぶして揚げる。

つくり方　※材料の分量は約1/15で2〜3人分

① **玉ネギを炒める**

玉ネギ（1 kg）をみじん切りにしたら、火が通るくらいに軽く炒める。水分を飛ばすためにバットに広げ、キッチンペーパーを重ねておく

② **海老をスライスする**

背ワタを取った海老（900 g）をスライスし、少し歯ごたえを残す程度に叩く。フードプロセッサーを使ってもOK

③ **玉ネギと海老を合わせる**

冷えて水分の飛んだ玉ネギと海老を合わせたら、すり身（400 g 2つ。パック入りが便利）と合わせ、最後にマヨネーズ（420〜450 g）を加える

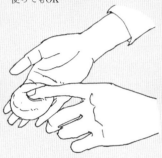

④ **カタチを整える**

ひとり分をすくい取り、手のひらでカタチを整える。火が通りやすいように中央部を少し窪ませる

⑤ **揚げる**

160〜170度の油で揚げる。浮かび上がって仕上がり時に170度になるように調整する。付け合わせにはシシトウなど彩りになるものを

"自宅酒場"の定番アイテム

● 飛騨コンロで炭火焼き

たまには自宅で干物を炙ったり、鶏や貝を焼いたりしたい。そのためにはカセットコンロもいいが、如何せん風情に乏しい。もっと居酒屋らしい趣が欲しい。そういうときには卓上コンロ、たとえば飛騨コンロや七輪がいい。大きさやサイズはいろいろあるし、炭が使えるのも"自宅酒場"っぽい。炭の着火には「火おこし器」を使ってガスコンロで着火すると簡単だ（固形燃料を使う方法もある）。

ただし、秋刀魚や牛肉など脂がのった食材は室内に煙が充満することがあるので注意。また脂や煮汁がこぼれると跡が残るので、きれいに保つには手入れも必要。汚れもまた味わいのひとつとするなら持っておきたいアイテムだ。

● 小ぶりな土鍋で小鍋だて

冬場になると湯豆腐などをやるのに土鍋が欲しくなる。小ぶりな土鍋があれば池波正太郎流の小鍋だても卓上で再現できる。火のあたりが柔らかく保温効果が高いので煮込み料理などにもいいし、日本酒をちびちびやりながら熱々の鍋物をいただけるのがウレシイ。使い込むほどに味わいを増すところに愛着も湧くというもの。

独身者向けの小さな土鍋が100円均一ショップでも売っているが、割れやすいとの声もあるので気をつけたい（一方で問題ないという声もあり、個体差があるようだ）。

卓上コンロの使い方

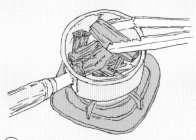

飛騨コンロ

断熱性、保温性に優れた珪藻土を原料とし、コンロの形に成形。表面に貼られた和紙は保護と補強のためだが、漢字が和の趣を醸し出す

① **火おこし**

火おこしは底が網目状になった片手鍋のような道具があると便利。細かくした炭を入れてガス火にかける。10〜20分で炭の半分くらいが赤くなったらコンロへ

② **使い方**

脂がのったサンマなどは煙が大量に出るので注意。室内で使う場合は1時間に2〜3回は換気を。底部は熱くなることがあるので敷板を敷こう

③ **消火**

火がおこった状態の炭は、火バサミなどではさんで火消ツボに移し蓋をして消火。金属製のバケツなどでもいい。消し炭は次回にも使うことができる

土鍋の使い方

ひとり用土鍋なら6号サイズ(直径約18〜20cm)が〆にうどんを入れるのにも手ごろ。100円ショップなどでも手に入る

●手入れ法

- はじめて使うときは割れを防ぐためにおかゆを炊いておこう
- 底部を濡れたまま火にかけると割れることがあるので注意
- 使用後はよく洗い、しっかり乾燥させること。水気が残っていると割れやカビの原因に
- 土鍋を片付ける際は、カビの原因になるので買ってきたときの箱に入れないこと

※〈参考：飛騨コンロは能登ダイヤ工業株式会社HP www.notodaiya.com〉

自宅メニューは工夫しだい

●鱈豆腐

鱈を強火で軽く炙って、昆布を引いた出汁に酒と醬油で味付け。三つ葉を添えて。池波風は薄味がいい

●アサリと大根の小鍋だて

昆布の出汁に酒と塩で味付け。大根は細切りに、アサリは手抜きしてムキミでもうまい

●鯛カブト煮

昆布出汁に少量の塩、酒、醬油を垂らして。豆腐も味がよく浸みてうまい。塩味だけでもいける

●鶏つくね鍋

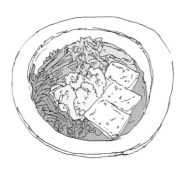

鶏つくねはショウガ搾り汁と塩、醬油で味付けし、こねて丸めただけ。独身者のための一点豪華鍋

つくり方

●秋刀魚の開き

秋刀魚の皮を下にして中火にかける(身を下にするという説もあるが大差はない)。部屋中に煙が充満するので滅多にやれないのが難点

●煮豚

豚ブロック肉の表面に塩、コショウをすり込み、表面が色づくくらい焼く。次に醤油、味醂、酒を合わせた汁にネギ、ショウガを浮かべて約40分煮るだけ。煮玉子も同時にどうぞ

●冷奴

冷奴はトッピングを楽しもう。(左)釜揚げしらす、ネギ、カツオブシに醤油。(中)木耳、ネギに醤油、ゴマ油。(右)刻んだキムチ、シーチキン、ネギ、スリゴマに醤油とゴマ油を垂らすだけ

あ と が き

　上野や北千住、赤羽を歩いているとウソのようだが、世の中、センベロや立ち飲み屋が人気だとはいっても、家飲みする人が増えているという。人気の店は入れないほど混んでいるのだが、閑古鳥が鳴いている酒場は少なくない。ある酒場の店主は「酒場の競合は家飲み」と嘆いているとか。

　自宅酒場にもメリットとデメリットがある。
　メリットは、まずあまりお金がかからない。時間を気にせず飲める。好きな格好で飲んでも怒られないなど。「焼酎は3杯まで」といったルールにしたがう必要もないし、当然お勘定を気にする心配もない。つまみをつくる手間を惜しまなければ、好きなものを食べることもできる。自宅酒場は自分だけの"酒場"。自分自身が店主なのである。
　一方デメリットは、いつも同じようなものを飲み喰いしてしまう。人とのつながりがない。新しい発見がないことなどである。"本日のおすすめ"のような旬との出会いもないわけで、代わり映えしないから面白みもない。それに自宅でクサヤが焼けるだろうか？

　酒場めぐりはいい店を見つけるのに苦労することが珍しくない。ネット検索する人も多いだろうが、それでは観光客と同じだし、発見の驚きがない。ネットの口コミを盲信するような酒飲みはニセモノである。一見では失敗するかもしれないが、思わぬ成功の可能性もある。だから、自分の勘を磨くしかないのだ。

家飲みもいいが、たまには街の酒場に足を向けるべし。

できれば大手チェーン居酒屋ではなく、地域密着型の家族経営をしているような店を訪れてみることをおすすめする。大手チェーン居酒屋は安いかもしれないがマニュアルどおりの接客しかできない。そして居心地も必ずしもよくはない。周りがウルサイのが最悪だ。行くなら老舗居酒屋がなおいい。古くから続いている店には何かあるはずだ。酒とつまみの品ぞろえと味。建築や意匠。店主の人柄が魅力かもしれない。

焼き鳥ばかりではなく、モツ焼きも喰らおう。知らない部位の味は経験してみないことにはわからない。煙を浴びながら串をつまんでビールを呷る気分は何ものにも替えられない。

安くておいしい立ち飲み屋もある。昼酒を試してみるのもいい。蕎麦屋、定食屋、中華料理屋で飲むという手もある。考えてみると、世の中"酒場"だらけなのである。

はじめての酒場との出会いには、いろいろな副産物がある。珍しい酒とつまみはもちろん、ほかの客や店主とのふれあいなど、なにか新しい発見があるはずだ。

そしてもし、その店を気に入ったらときどき通うことにしよう。顔を覚えてもらえれば、常連への道が開く。酒場では常連を"エコヒイキ"してくれるのだ。それを活かさない手はない。

自宅酒場にいては得られないものは思うよりも多いのだ。

筆者は30年以上酒場で飲んできているが、いくつかの行きつけの酒場がある。本書は、それらの酒場で見聞きしたこと、飲み友の話などを基にしている。いつまで通えるかわからないが、凝りもせず迎えてくれる店主と友と、その酒場に感謝したい。

　また編集にあたっては特別に、藤枝暁生氏と坂田隆氏には多大な情報提供とヒントをいただいた。お2人の協力があってこそ、本書は世に出ることになった。心から御礼を申し上げる。

　では、出掛けるとしますか。あなたもぜひ……。

【著者紹介】

小寺賢一

1961年大分県生まれ。滋賀県育ち。編集者、ライター。明治大学政治経済学部卒業後、編集プロダクション、週刊誌記者、雑誌ライターなどを経るうちに呑兵衛の道へ。新宿ゴールデン街歴は約30年、近年は西荻窪界隈にも出没している。古本屋で見つけた本を片手に居酒屋のカウンターで過ごすのが至福の時。いつも飲む酒は焼酎またはトリスの水割り、つまみは煮込みを好む。編集・執筆に携わった作品として、『はじめての「居酒屋」オープンBOOK』（技術評論社）など店舗開業のための実用書「お店やろうよ！ シリーズ」全27冊のほか、お酒に関係するものには『小さな「バル」のはじめ方』（河出書房新社）、『こだわり蕎麦屋の始め方』（ダイヤモンド社）などがある。

桑山慧人

1986年生まれ。デザイナー、イラストレーター。東京在住。京都精華大学卒業。デザイン会社プリグラフィックスに勤務。雑誌や書籍などのデザイン、イラストを手掛ける。主な仕事に「ダ・ヴィンチ」（KADOKAWA）、「料理のコツ 解剖図鑑」（サンクチュアリ出版）などがある。仕事の紹介はこちらから。
http://keito-kuwayama.tumblr.com/

【取材協力】（敬称略）

- 藤枝暁生

    コンサルタントとして全国を飛び回るサラリーマン。全国各地の居酒屋を1000軒以上を放浪する。TOEIC公開テストで990点満点を獲得。著書に『サラリーマン居酒屋放浪記』（朝日新書）がある。

- 坂田隆

    1967年熊本県生まれ。カメラマン。東京綜合写真専門学校卒業後、写真制作会社に勤務。その後、バブル崩壊後に独立。現在、料理写真の世界に生きる。

第5章
- 恵比寿〈さいき〉
- 新宿花園ゴールデン街〈ダンさん〉

そして、すべての街の酒場にも…

[編集/企画]
株式会社ノート

[デザイン]
桑山慧人
(prigraphics)

酒場図鑑
－酒と肴をとことん楽しむために－

2016年11月5日　初版　第1刷発行

著者　**小寺賢一**
イラスト　**桑山慧人**

発行者　片岡 巌
発行所　株式会社 技術評論社
　　　　東京都新宿区市谷左内町21-13
　　　　☎ 03-3513-6150　販売促進部
　　　　　 03-3267-2272　書籍編集部

印刷／製本　株式会社加藤文明社

定価はカバーに表示してあります。
本書の一部または全部を著作権法の定める範囲を超え、無断
で複写、複製、転載あるいはファイルに落とすことを禁じます。
©2016　Note Inc.

> 造本には細心の注意を払っておりますが、万一、乱丁（ページの乱れ）や落丁（ページの抜け）がございましたら、小社販売促進部までお送りください。送料小社負担にてお取り替えいたします。

ISBN978-4-7741-8425-8　C2076
Printed in Japan